国家智库报告 2016（17）
National Think Tank

人 才 研 究

亚非拉国际人才战略研究

中国社会科学院人事教育局 编

STUDY ON THE INTERNATIONAL TALENT STRATEGIES OF
ASIAN, AFRICAN AND LATIN AMERICAN

中国社会科学出版社

图书在版编目（CIP）数据

亚非拉国际人才战略研究/中国社会科学院人事教育局编 . —北京：
中国社会科学出版社，2016.5
（国家智库报告）
ISBN 978 - 7 - 5161 - 7829 - 4

Ⅰ.①亚…　Ⅱ.①中…　Ⅲ.①人才—发展战略—研究—
亚非拉国家　Ⅳ.①C964.1

中国版本图书馆 CIP 数据核字（2016）第 057566 号

出 版 人	赵剑英	
责任编辑	王　茵	
特约编辑	张　潜	
责任校对	闫　萃	
责任印制	李寡寡	

出　　版　中国社会科学出版社
社　　址　北京鼓楼西大街甲 158 号
邮　　编　100720
网　　址　http://www.csspw.cn
发 行 部　010 - 84083685
门 市 部　010 - 84029450
经　　销　新华书店及其他书店

印刷装订　北京君升印刷有限公司
版　　次　2016 年 5 月第 1 版
印　　次　2016 年 5 月第 1 次印刷

开　　本　787 × 1092　1/16
印　　张　8.25
插　　页　2
字　　数　85 千字
定　　价　36.00 元

目　　录

中东和非洲国家的人才外流和
人才回流状况研究

仝　菲[*]

摘要： 中东和非洲国家均属于第三世界，历史上饱受殖民主义侵略。处于该地区的国家多存在贫困、战乱、体制缺陷、待遇欠佳和科研环境差等问题，在发达国家发起的人才争夺战中成为人才外流的重灾区。这些国家普遍面临本国人才大量外流，不得不花巨资高薪聘请外籍人才为本国建设服务的困局。近年来该地区出现了人才回流的现象，但整体人才流失局势依然严峻。缓解该

* 仝菲，中国社会科学院西亚非洲研究所副研究员，主要研究方向：中东经济和社会发展问题。

地区人才外流危机需要国际社会，尤其是发达国家共同努力，才能维护发展中国家的利益。

关键词：人才外流；人才回流；中东；非洲

一　中东和非洲国家人才培养形势综述

（一）中东和非洲国家人才培养的历史与现状

中东和非洲国家均属于第三世界，在历史上都饱受西方殖民列强的侵略。在殖民主义者入侵之前，中东地区的阿拉伯国家传统的教育体系以宗教为主。学生们的主要学习内容为阿拉伯语和《古兰经》，主要学习场所是清真寺，教师主要教授《古兰经》、神学、圣训和法学等宗教知识。当时办教育的主要目的是强化宗教信仰，培养宗教人才。

18世纪末，资本主义国家入侵中东国家。为了强国自立，培养本国人才，中东国家开始大力发展教育。当时的奥斯曼帝国开办了许多军事学校和职业学校，埃及的穆罕默德·阿里创立了一套以发展高等教育为主的教育体系。当时西方传教士也在中东国家开始创办西式学校，至 19 世纪末，以法国天主教徒和美国新教徒为主的传教士们在阿拉伯世界已经建立了一批西式学校。西式学校的最大贡献是放开了女子教育。但是在外国势力的控制下，中东国家的教育发展受到很大的限制，新式教育没有得到普及。埃及、伊拉克、黎巴嫩和叙利亚较早摆脱殖民统治，在中东国家中取得的教育成就较大。而海湾地区在 20 世纪 60—70 年代才脱离殖民统治，因此在第二次世界大战之前几乎不存在现代教育，直到现在总体教育水平在阿拉伯世界也处于相对落后状态。

20 世纪 50 年代，随着越来越多的中东国家走向独立，各国政府纷纷加大在教育上的投入，培养国家发展所需要的各种合格人才。中东国家建国初期，由于普遍缺乏现代化人才，于是联合起来进行区域教育合作。先后在 1960 年召开了第一届阿拉伯国家教育部部长和经济计划负责人会议；1966 年举办了主题为提高教育质量，加强国际合作的第二届教育会议；1970 年成立了"阿盟教科文组织"；1973 年联合国教科文组织创建了"阿拉伯国家地区教育局"。这些活动和机构的设置对促进阿拉伯国家的教育发挥了重大的作用。1960—1991 年，阿拉伯国家的中小学在校学生人数从 800 万猛增到 4600 万，成人的识字率从 1970 年的 30% 上升到 1992 年的 54%。截至 2000 年，阿拉伯国家共有 203 所大学。其中有 32 所建立于 2000 年，54 所建成于 20 世纪 90 年代（36 所分别位于苏丹、约旦和也门），1975—1989 年间建成大学 65 所。另外还建成了很多高等技术教育研究院、技术专科学院和社区学院等新型院校。2011 年，中东和北非地区 15—24 岁青年的识字率为 92%，撒哈拉以南非洲地区这一比例仅为 70%。① 相比其他中东国家，埃及的教育事业起步早，发展水平也较高。1996 年其初等教育和中等教育的普及率为 93% 和 68%。② 埃及 15—35 岁年龄段的文盲率由 2007 年的 29.7% 降至 2008 年的 27.4%，10—15 岁儿童失学率为 4.5%。③ 根据最新统计，埃及 8500 万人口中，大约 27% 是文盲，其中妇女的比重高达 69%，15—35 岁的人口受教育程度低。严重影响劳动力素质，制约经济社会发展，是新政府必须重视并加以解

---

① 世界银行网站资料：http://data.worldbank.org/topic/education。

② 参见车效梅《中东国家的教育：发展和局限》，纪念《教育史研究》创刊二十周年论文集（17）——外国教育政策与制度改革史研究，2009 年，第 1342—1343 页。

③ 《世界知识年鉴 2010/2011》，世界知识出版社 2011 年版，第 275 页。

决的重大问题之一。① 据《沙特公报》报道，教育官员称，2012 年沙特男性文盲率下降 4%，女性文盲率下降 11%。目前，沙特男性识字率已经超过 90%，女性识字率超过 70%。15 岁以下男性儿童识字率为 89.2%，女性儿童为 93.2%。② 2008—2009 年伊朗教育公共开支占 GDP 的比例分别为 4.8%、4.7% 和 4.7%。③

阿拉伯国家高校普遍存在重文轻理的结构性缺陷，长期居于主导地位的是文学、政治和法律等文科科目，理工科长期居于次要地位。例如 1996 年阿拉伯国家本科学生中文科生入学率高达 71.3%。1999 年以来新建立的 12 所大学中（分别位于埃及、伊拉克、科威特、阿曼、索马里、叙利亚和突尼斯），只有 4 所大学的课程中强调科技等理科课程，其他的都以文科课程为主。这种重文轻理的结构导致了就业市场上文科生供过于求，理科生

---

① 《埃及文盲率较高是新政府要重视解决的问题之一》，商务部网站（http：//www. mofcom. gov. cn/aarticle/i/jyjl/k/201207/20120708219327. html），2012 年 7 月 8 日。

② 《沙特人口文盲率下降》，中国对外承包工程商会网站（http：//www. chinca. org/cms/html/main/col286/2013 - 04/17/201304170906029377989 79_ 1. html），2013 年 4 月 17 日。

③ 世界银行网站统计数据（http：//data. worldbank. org. cn/indicator/SE. XPD. TOTL. GD. ZS）。

供不应求。① 另外，阿拉伯国家的高校在专业设置和市场需求之间也存在信息不对称的现象。社会需求的专业人员供应不足，而另外一些大学毕业生却面临着毕业就失业的局面。这两方面的问题不解决，大学生失业的现象就会长期在阿拉伯国家存在。

在非洲地区，随着"新航路"的发现，西方殖民者就开始了对非洲各国无休止的侵略和掠夺。自"新航路"发现到 18 世纪末英国产业革命为止，是西方资本主义的原始积累时期。在这一时期，西方殖民列强对非洲人民进行了无情的劫掠。除了掠夺黄金、象牙等贵重物资以外，他们还进行了万恶的奴隶贸易。自 17 世纪初开始，奴隶贸易逐渐代替了黄金，在贸易中居于首要地位。1815 年，以拿破仑帝国的覆灭和奴隶贸易的废止为标志，殖民列强对非洲的侵略进入了自由资本主义时期。在这一阶段，非洲逐渐变成殖民者的商品市场和原料产地。在 400 多年的黑奴贸易中，非洲损失的青壮年劳力难以计数。关于欧洲人运往美洲的非洲奴隶总数，众多文献多引用 1500 万这个数字，但一般都认为这个估计值

---

① ［也门］阿卜杜勒哈迪、杨秀玉：《阿拉伯国家高等教育的新进展》，《外国教育研究》2004 年第 5 期，第 16、19 页。

过低，也有估计数字为不少于 2000 万人。有统计认为，奴隶在运往美洲的途中，每 1 个奴隶到达美洲大概要牺牲 5 人，奴隶贸易使非洲人口损失 1.5 亿。这也是非洲自近代以来人口稀少的原因。一般估计全非洲人口在 1800 年只有 1 亿，1850 年时仍然停留在这个数字上，直到 1900 年才增加到 1.2 亿。运走的非洲人都是最健壮的人，其中男子要比女子多一倍。男子的年龄一般是 10—35 岁，女子则为 10—25 岁。[①] 残暴的奴隶贸易使非洲丧失了大批青壮年劳力，是造成非洲落后的根本原因。

人口受教育的状况决定人口的科学文化素质高低。自独立以来，撒哈拉以南非洲国家十分重视教育。非洲国家独立后发展教育的任务在 1961 年联合国教科文组织举办的"非洲教育发展会议"上得到明确，就是优先发展中等教育和高等教育，关注初级义务教育，大力增建各级各类学校和提高学龄儿童入学率。教育发展目标是到 1980 年，20% 以上的中等毕业生可以获得接受高等教育的机会，1/4 的小学毕业生能够接受中等教育。1995 年，第 62 届非洲部长理事会议提出非洲实现"人人受教

① 参见杨人楩《非洲通史简编》，人民出版社 1984 年版，第 193、251—252 页。

育"的目标，并将 1996 年确定为"非洲教育年"。此后，撒哈拉以南非洲各国纷纷加大对教育的投入，教育事业普遍取得了较大进步。但在 1988 年，撒哈拉以南非洲国家人均教育经费只有 16 美元，还不及亚洲人均指标的 1/4。教育设施落后、贫困使学龄儿童入学率极其低下，小学、中学和大学的入学率分别为 71%、20% 和 2.4%。入学率低下使撒哈拉以南非洲成为世界文盲率最高的地区，文盲率普遍达到 50%，布基纳法索文盲率高达 80% 甚至更高。2010 年，35% 的非洲国家学龄儿童入学率不到 40%，整个非洲有 20% 的男孩和 38% 的女孩无法进入小学，中学的失学率更高。整个非洲大陆文盲人数近 4 亿，占非洲总人口的 60%，占全世界文盲总数的 40%。撒哈拉以南非洲扫盲率超过 50% 的仅有 12 个国家。[①] 教育发展状况堪忧。

（二）地区人才培养存在的问题

2010 年，联合国教科文组织高级官员约瑟夫·马萨奎称，撒哈拉以南非洲、南亚及西亚地区已成为世界上

---

① 《撒哈拉以南非洲文盲人数位居世界首位》，2010 年 9 月 3 日，新华网（http：//news. xinhuanet. com/world/2010－09/03/c_ 12513245. htm）。

文盲人数最为集中的 3 个地区。其中，撒哈拉以南非洲地区过去 7 年间文盲总人数共增加 1950 万人，目前已成为全世界文盲人群最多的地区。扫盲在中东和非洲地区长期以来得不到应有的重视，该地区内大部分国家目前尚未将扫盲纳入国家教育目标中，并且国家在该领域的资金投入非常有限。在该地区，低入学率、高文盲率，人口科学文化素质的低下已经成为地区经济发展的重大障碍。

该地区人才培养存在的主要问题有：

1. 人口增长速度过快，经济贫困问题日益突出

人口的增长必须与物质生活资料的生产保持协调的比例。经济学家的研究表明，人口每增长 1%，国民生产总值中用于人口投资的部分就要增加 3%。

中东地区的人口增长速度在全球一直处于领先地位。2009 年世界卫生组织报告显示，科威特在中东地区 22 个国家中人口年增长率为 9.3%，排名第一；阿联酋为 6.2%；卡塔尔为 5.2%。该报告还显示，科威特在中东地区 22 个国家中失业率最低，仅为 1%，阿联酋为 4%；索马里失业率最高，为 47%；巴勒斯坦为 26%；利比亚为 17%；也门为 16%；埃及为 11%。[①] 目前，中东地区的政治动荡局面并未从根本缓解，受政治局势影响，未来一段时期经济发展前景堪忧。据统计，2011 年中东北非地区平均经济增长率从 2010 年的 4.4% 降至 3.9%，预计 2012 年经济增速将降至 3.7%。事实上，如果不考虑石油出口国的因素，本地区其他非产油国的经济增长率已从 2010 年的 5% 以上骤降至 2011 年的 2% 以下。[②]

20 世纪六七十年代，由于对人口增长问题认识程度不够，自独立以来，撒哈拉以南非洲国家的人口政策出现过重大失误。撒哈拉以南非洲地区的生育率长期处于失控状态。妇女的总和生育率达到 6.6 个，生育 12—15 个孩子的现象也很常见，人口年均增长率居高不下。1980—1995 年，撒哈拉以南非洲的人口年均增长率高于国内生产总值的年均增长率数倍。由于非洲人口增长速度高于经济发展速度，贫困问题日益突出。据世界银行

---

① 《科威特在中东地区人口增长最快，失业率最低》，商务部（http://www.mofcom.gov.cn/aarticle/i/jyjl/k/200908/20090806456761.html），2009 年 8 月 13 日。

② 《中东北非地区经济：动荡之中尚有亮点》，2012 年 8 月 13 日，人民网（http://world.people.com.cn/n/2012/0813/c157278 - 18729976 - 2.html）。

统计，2000 年非洲人均 GDP 为 671 美元，比 1991 年下降了 3%，其中非洲黑人人均 GDP 仅为 474 美元，比 1991 年下降了 14%。世界银行统计数据显示，2011 年撒哈拉以南非洲地区的 GDP 为 1.266 万亿美元，人口总数为 874.8 百万，人均国民收入为 1258 美元。

此外，非洲得到的外国发展援助也日渐减少，1999 年非洲共得到 149 亿美元的外国发展援助，扣除通货膨胀因素，比 1990 年时下降了 37%。报告称，若要完成联合国确定的到 2015 年将非洲贫困人口减少一半的目标，非洲的年均 GDP 增长率至少要达到 7%，且每年要得到 1170 亿美元的外国发展援助。①

由于人口增长过快导致中东和非洲地区经济增长速度缓慢，经济落后使该地区的教育和医疗事业的发展都受到很大影响。难以摆脱经济上贫困和落后的局面，也就难以控制人才流失的趋势。

2. 政局动荡不安，催生中东非洲国家人才流动

1969—1990 年间，载入世界史册的 43 次内战有 17 次发生在非洲，其中包括安哥拉、利比里亚和莫桑比克

---

① 《撒哈拉以南非洲》，世界银行（http://data.worldbank.org.cn/region/SSA）。

的内战，苏丹、索马里、塞拉利昂、卢旺达、布隆迪等国家因争夺资源和政治权力产生的冲突。各种内战和民族矛盾冲突制造出大量流离失所的难民。由于内战、政治混乱、经济增长的停滞不前，人口、劳动力的迅速增长，加剧了非洲地区的贫困和失业。很多非洲人只好选择流亡异乡。政治动荡是造成中东非洲地区人口迁移的一个重要因素。2011年以来的"阿拉伯之春"运动使一些中东和北非国家发生政权更迭，并且越来越多的地区国家卷入这场运动。中东地区部分国家政局不稳，民族宗教矛盾错综复杂，前景难以预料，危机一触即发。在政治动荡中国家前途未卜，政府不能给公民提供安定的社会环境，国家政权摇摇欲坠，生存环境恶化，未来前景黯淡，有条件的人们纷纷向国外迁移。

3. 教育体制的缺陷导致失业和人才流失

撒哈拉以南非洲国家教育发展中存在各种各样的问题。如普遍重视高等教育，基础教育的重要性没有突显，科学、技术和工程专业薄弱。大学毕业生找工作难度大，失业率高。国家在科技发展中的投入比例太小，研究生培养力量不足，导致每年都有数千名大学毕业生到北方国家读研究生，学成毕业后便留在当地，造成人才流失。

20 世纪 80 年代，非洲国家经济发展缓慢，对大学教育造成的最大冲击是国家对高等教育的拨款缩水、科研人员的工资降低、研究经费不断减少、毕业生失业率不断提高，社会经济和政治环境的恶化。这种情况迫使大批找不到工作的大学毕业生迁往南部非洲国家。为防止人才外流，坦桑尼亚、乌干达和肯尼亚等国家甚至采取了限制和禁止专业人员和公务员旅行的措施，但效果不明显。

4. 人口健康素质的低劣

长期以来，由于人口增长过快、自然灾害频繁以及战争和其他因素的影响，非洲地区居民只能获得比世界平均水平低 22%、比发达国家低 40% 的食物能量供给。甚至在一些最落后的国家，25%—30% 的居民每年的大部分时间都处于饥饿和缺乏营养的状态。[①] 一个民族只有保持健康的体魄才能够积极有效地投身到建设国家的各行各业中去。很难要求一个饥肠辘辘的人去完成高水准的工作。而且撒哈拉以南非洲的医疗技术也是全球最弱

[①] 《全球抗疟疾成效显著，2015 年有望实现零死亡》，2011 年 9 月 18 日，凤凰网（http: //news. ifeng. com/gundong/detail＿ 2011＿09/18/9270166＿0. shtml）。

的，疟疾、艾滋病肆虐，在 10 个感染艾滋病最严重的国家中，劳动力损失达到了 10%—26%。[①] 大批青壮年艾滋病人的死亡，不仅让国家丧失了大量劳力，治疗艾滋病的医疗费也使国家医疗资金匮乏的局面不断恶化。

5. 发达国家发起人才争夺战

联合国人口基金会报告认为，英国、美国、加拿大和澳大利亚等发达国家对医护人员的巨大需求是造成非洲高素质人才流失的主要原因。该机构警告说，如果国际社会不帮助非洲国家加大医疗投入，采取措施吸引人才和更新医疗设备，非洲的医疗卫生体系将面临瓦解的危险。[②] 世界卫生组织一份报告称：医生和护士是穷国向富国提供的"最有悖常情的资助"。1999—2005 年，英国从海外补充了大量专业医务人员。其中仅仅从加纳引进医生和护士就节省了 6500 万英镑的医生培训费和 3800 万英镑的护士培训费。许多非洲国家都存在医务人员严重匮乏的问题，还不能达到每万人平均拥有两名医生的最低标准。不仅如此，每年有将近 50%（津巴布韦高达

[①] 《世界粮食安全问题不容忽视》，2002 年 8 月 1 日，新浪网（http://finance.sina.com.cn/roll/20020801/0919239073.html）。

[②] 汤水富：《人才流失严重影响非洲经济和社会发展》，《中国改革报》2007 年 9 月 5 日第 6 版。

68%）的本土医生移居发达国家，而非洲国家为培养这些医生，花费了巨资。①

1964年赞比亚独立之后，本国医生90%移民到了国外；肯尼亚卫生部统计显示每年在公立医院受训的医生只有10%留在国内；英国曼彻斯特来自马拉维的护士比马拉维本土的护士总数还多；美国芝加哥来自塞拉利昂的医生比塞拉利昂全国的医生总数还多。世界卫生组织2006年估计，全球57个极端缺乏医务人员的国家有36个在该地区，将近50%的非洲人享受不到任何医疗服务。2003年塞拉利昂的婴幼儿死亡率为16.6%，妇女生产死亡率为2%，近30%的婴幼儿会在5岁前夭折，人均寿命不足40岁。2004年，有26个非洲国家国民平均寿命低于50岁。赞比亚、安哥拉、津巴布韦、莱索托的人均寿命甚至低于40岁。撒哈拉以南非洲的医务人员缺口在100万以上。②

世界银行的一项研究表明，每年大约有2.3万名合格的学术研究人员从非洲流失以寻求较好的工作条件。

---

① 王文成：《非洲期待人才回流》，《经济日报》2005年8月9日第8版。

② 王辉耀：《人才战争》，中信出版社2009年版，第34页。

仅美国一国就雇用了约 1.2 万名尼日利亚的科研人员。①非洲各行业高端人才的流失严重阻碍了经济发展和社会进步。

二　中东和非洲地区人才外流状况

随着全球化的日益深化，目前人才的跨国流动已经成为一个普遍的现象。截至 2005 年，全世界约有 1.91 亿人在出生国以外的地方生活与工作，占世界总人口的 3%，并保持着每年 3% 的增长率。简单地说，全世界每 35 人当中就有 1 人是移民，而每 5 个移民当中有一个生活在美国。"人才流失论"是 1963 年英国皇家学会首次公开提出的，指出人才的跨国流动对于输出国来说是"人才外流"，对于接受国来说则是"人才流入"。因为当时有大批英国科学家自英国流入美国，给英国带来经济损失。目前，"人才外流"在世界范围内的大趋势是：从发达国家（欧洲、日本、澳大利亚、加拿大等）向最发达国家美国大量流失；从亚、非、拉美等发展中国家

---

① 李建钟：《人才流失：恐慌漫及世界》，《中国人才》2002 年第 11 期，第 59 页。

大量向发达国家和地区流失；从落后的发展中国家向新兴的发展中国家流失，现在还有相当部分的人才从发达国家回流到新兴国家。[①]

（一）地区总体人才外流状况

阿拉伯世界在人才流动问题上呈现出两面性的特征，一是本地区需要大量人力资源，另一方面本地人才却源源不断流向欧洲、美国、澳大利亚和其他传统上接收劳动力的地区。1975—1980 年间，阿拉伯国家永久移民的数目保守地估计每年至少有 25 万。他们中的 1/3 是黎巴嫩人，其他是埃及、约旦和叙利亚人。阿拉伯移民都有很高的资历。同时期许多阿拉伯国家的文盲比例还相当高。例如 1980 年，除黎巴嫩和科威特以外，文盲比例都高于 40%，摩洛哥文盲高达 74%，苏丹为 78%，沙特阿拉伯为 84%，阿拉伯也门共和国甚至高达 92%。迁入美国的移民资料显示，1976 年专业和管理人才类移民在伊拉克移民中占 22%，在约旦移民中占 42%，在黎巴嫩和叙利亚移民中占 46%，在埃及移民中占 66%。这个比例

① 王辉耀：《人才战争》，中信出版社 2009 年版，第 32 页。

高于各移民输出国当时拥有的专业和管理人员的比例好几倍，也高于美国本身的大约为 25% 的比率。阿拉伯国家具有高水平的劳动力大批外流，而且外流人才人数一直在增加。同时，阿拉伯国家引进的具有同样专业和管理才能的非阿拉伯劳动力也有相当的增加。而且不同社会阶层之间收入和贫富悬殊很大。[①]

2007 年，联合国贸易和发展会议的报告《最不发达国家报告 2007：知识、科技学习和发展创新》指出，人才流失现象最为严重的是冈比亚、厄立特里亚、莫桑比克、索马里、塞拉利昂、利比里亚、马达加斯加、赤道几内亚等非洲最贫困国家。这些国家有近一半的大学毕业生去海外寻找工作。人才流失的现象即便是在南非这样相对发达的国家也相当严重。1989—1998 年间，有约 4 万名医生、护士、教授、工程师等从南非移民到英国、加拿大、美国、澳大利亚、新西兰等国。国际移民组织统计，自 1990 年起，每年有两万多名高素质人才从非洲大陆移民至欧美等发达国家，其中许多人在当地定居。

20 世纪 60 年代非洲就曾发生过高技能人才的流失现

---

① 里阿德·巴希杰·塔巴拉：《阿拉伯世界发展中的人口和人力资源》，《人口研究》1981 年 S1 期，第 62 页。

象，共有 60 多万名非洲科学家、医生和工程师等专业技术人员去发达国家效力，其中有 4 万多人具有博士学位。乌干达、索马里、埃塞俄比亚和赞比亚的高技能人才主要流向肯尼亚、南非、博茨瓦纳、欧洲和北美。20 世纪 70 年代，非洲国家的医护人员、教师、工程师、科技人才和其他行业一些资质高的专业人才纷纷从津巴布韦、赞比亚、塞内加尔、加纳和乌干达流入南非共和国和非洲以外的地方。20 世纪 80 年代非洲人力资源更多地流向欧洲、北美和中东产油国。经济合作与发展组织的统计数据显示，该组织成员国接收的非洲国家高等教育毕业生超过 100 万人。目前非洲的移民潮中拥有高技能的专业人员数量越来越多。① 1960 年至今，非洲有 1/3 的知识分子离开本国去欧美等发达国家工作，平均每年有 2 万名大学毕业生和 5 万名各类专业人才离开非洲。联合国专家估计，1960—1975 年间有 2.7 万名非洲专业人员移居国外，1975—1984 年间人数增加到 4 万，1987 年达到 8 万。② 曾经是非洲劳动力输入国（加蓬和科特迪瓦）

---

① 王辉耀：《人才战争》，中信出版社 2009 年版，第 33 页。
② 李建钟：《人才流失：恐慌漫及世界》，《中国人才》2002 年第 11 期，第 59 页。

和移民目标国（津巴布韦和尼日利亚）的国家，由于政治局面和经济情况都出现危机，不仅吸引不了移民，本国人才也开始向外流动。联合国开发计划署估算，每向海外移民一位高级人才，非洲国家仅培养费用一项损失就达18.4万美元。人才是知识经济时代竞争的关键，非洲国家处于竞争劣势的一个重要原因就是人才的短缺和流失。人才外流给非洲造成的损失不可估量。非洲国家为填补本国人才空缺，不得不高薪聘请外国专家，10万名以上的专家每年仅工资开支就达40亿美元，相当于非洲所接受外援的35%。①

2007年，联合国贸易和发展会议的结论指出：人才流失严重是阻碍非洲国家发展并影响其顺利实现千年发展目标的主要障碍之一。非洲人才的主要接收国除了欧洲、美国和海湾国家以外还有加蓬、博茨瓦纳和南非共和国。根据联合国经济与社会事务部人口司数据显示，2010年非洲国际移民人口总数为1930万，位于欧洲、亚洲和北美洲之后，居世界第4位。2010年世界前5位的最大的移民接收国分别为美国（4280万）、俄罗斯

---

① 潘革平：《人才外流困扰非洲》，《科技日报》2000年11月5日第6版。

（1230 万）、德国（1080 万）、沙特阿拉伯（730 万）和加拿大（720 万）。[①]

撒哈拉以南非洲的局势表明，如果失业、贫困和政治不安定等状况继续恶化，未来几年那里的移民会继续增加。人才外流成为制约非洲经济和社会发展的主要因素之一。

20 世纪 50 年代开始，埃及人就逐渐走上了对外移民之路。移民特征也经历了由"中上层少数对外移民"到"规模对外移民"和"永久定居国外"三个阶段，另外还有一部分非法移民。从纳赛尔总统开始，虽然埃及历代总统都注重发展经济，但受各方面条件制约，埃及的经济发展水平始终无法满足人口快速增长的需要，无力解决居高不下的失业率和贫困等问题。埃及在萨达特总统时期开始，逐步放开对外移民的限制。为了减轻国内的就业压力，埃及通过加强国际合作，颁布法律等措施鼓励对外移民，埃及对外移民的规模开始逐步扩大起来。大规模的对外移民使埃及人才流失，也给埃及带来稳定的巨额侨汇收入。侨汇收入是埃及平衡国际收支、促进

---

① 联合国人口基金会：《2011 年世界人口状况报告》，第 68 页。

教育、改善国内贫困的重要经济来源。①

（二）影响人才外流的经济因素

近年来，作为新兴市场国家，埃及经济发展在中东地区还是可圈可点的。埃及在国有企业私有化、利率、关税、汇率和吸引外资等方面的经济改革进展也较为顺利。为降低国际经济危机对埃及经济的影响，2009 年以来埃及实施了一系列经济刺激计划。通过银行改革、大力吸引外资等方式，加强了经济管理，增强了风险控制能力。有效地抑制了国际金融危机对本国的冲击。

1955—2001 年期间，埃及人口增长迅速，从 2324 万激增至 6648 万，增长了 1.86 倍。截至 2008 年 12 月，埃及人口数为 7950 万人。失业人口达 201 万人，其中大中专毕业生占了 90%。国际金融危机爆发后，一些海外劳务人员返乡，使失业问题恶化。失业人群中还有大批的辍学生和文盲，失业危机甚至波及军队。至少有 200 万埃及农民流入城市，因此实际失业人数可能达 400 万人。埃及政府公布 2007—2008 年失业率为 8.9%，实际

---

① 参见谢尧《埃及对外移民问题研究》，硕士学位论文，外交学院，2011 年，摘要。

的失业人数可能更高。在失业者中，有90%的失业者是29岁以下的青年。2010年埃及受过高等教育的人口失业率达到18%，比全国平均失业率高出很多。[①] 受国际金融危机影响，国内通货膨胀居高不下，失业就失去了生路，失业成为埃及经济发展的包袱。这也是埃及人才外流的一个根本原因。

（三）国家在政治上鼓励对外移民的措施

1956—1965年，纳赛尔时期，埃及对外移民政策的特点是实行严格的移民管制，此时埃及对外移民数量很少，移民国家也多局限于中东地区以及与埃及友好的国家。对外移民人员多为高素质人才，以教师为主。这一时期，也有一些到美国或者加拿大接受硕士以上学历教育的移民，这些人学成以后回国的很少，这是埃及早期的人才流失。1973年世界石油禁运解除，中东产油国对劳工需求量大增，埃及对外移民进入"井喷年代"。1970年，埃及对阿拉伯国家的临时移民只有7万人，到1976年则增加到140万人。到1986年对外移民规模增加

---

① 参见安维华《埃及政治变局与经济因素》，《热点透视》2011年第4期，第6—7页。

为 200 多万人。20 世纪 80 年代起，埃及对外移民的规模和移民链条基本形成。1983 年，埃及有 328 万移民劳工。1980—1981 年，埃及的侨汇收入飙升到 21 亿埃镑，相当于当年的棉花出口、旅游及石油出口的外汇收入之和。这一时期，埃及政府进一步放宽对外移民的签证手续，对外移民也成为埃及解决失业问题、抵消国际收支逆差和融资私人汇款的优先项目。[①]

同期，埃及政府还成立了专门机构，通过颁布《对外移民法》等立法制度加强对外移民保护机制。对移民的权利、税费、侨汇存款以及投资等相关问题进行规定，包括移民在埃及境内投资享受外资相关待遇，承认埃及对外永久移民的双重国籍身份等。

根据埃及政府对外移民管理的要求，1996 年埃及成立了人力资源与对外移民部，专门负责埃及的国内移民管理和对外移民工作。后又成立了高级移民委员会，在人力资源与对外移民部长召集下，定期召开例会。埃及人力资源与对外移民部网站在提供埃及国内和移民双向信息方面发挥了重要的窗口作用。

---

① 参见谢尧《埃及对外移民问题研究》，硕士学位论文，外交学院，2011 年，第 26—28 页。

（四）　推动埃及人才外流的社会因素

埃及人口增长过快加剧了失业问题。1947 年埃及人口人数为 190 万，到 2008 年 12 月增加为 7950 万人，年增长率超过 2%。约 95% 的人生活在只占国土面积 5% 的尼罗河河谷狭长地带，人口分布十分密集。人口的拥挤产生了资源紧张、治安恶化等社会问题。为了给不断增加的人口创造足够的就业机会，埃及的年经济增长率必须达到 6% 以上，为了满足基本劳动力市场的就业需求，埃及需每年创造 60 万到 80 万的工作岗位。而 1990—1997 年，埃及平均每年可创造的新工作岗位仅为 37 万个。[①] 近年来，埃及失业导致了社会贫富分化的加剧，"不患寡而患不均"，失业问题使埃及社会暗流涌动，充满危机。2002 年在埃及失业人口中，受过高等教育的人群中，失业率为 22.8%；女性失业率高达 22%。经济问题得不到妥善的解决最终就转化成政治问题，影响了社会的政治稳定。上届埃及总统穆巴拉克年事已高，执政后期对于政治局面的掌控和经济改革不力，进而失去了

---

① 参见谢尧《埃及对外移民问题研究》，硕士学位论文，外交学院，2011 年，第 32—33 页。

政权。

新政府上台后，埃及政局持续不稳，新一任总统又被推翻，埃及经济混乱和社会动荡的局面短期内难以改观。综上所述，目前埃及吸引大批流失人才回流的局面还未形成。

三　中东和非洲地区出现人才回流现象

发展中国家想变人才流失地为人才回流之地整体来看受三个重要因素制约。一是国家的经济发展状况，二是国家政局是否稳定，三是法制是否健全，社会环境是否适宜创业和居住。特别是"阿拉伯之春"运动以来，一些中东非洲国家的政权被颠覆，社会动荡不安的局面短期内还无法结束。这些因素都会导致大批中东和非洲地区旅居海外的优秀人才难以下定决心回国发展。为化"人才外流"为"人才回流"，中东非洲国家纷纷制定激励措施。根据非洲教育发展协会（ADEA）统计，目前大量侨居海外的非洲高素质人才，主要来自津巴布韦、南非、埃塞俄比亚、阿尔及利亚、突尼斯、加纳、埃及等国家。

（一）　以非洲地区国家为例分析人才回流的经济原因

1. 国际金融危机导致美国、日本和欧盟等发达国家经济衰退

2008 年的国际金融危机从美国迅速传递到世界上大多数经济体。美国、日本和欧元区等大多数发达国家经济受到严重冲击和影响。大多数发达国家出现了经济增长下滑、失业率上升现象，而相比之下大多数新兴和发展中国家受此次国际金融危机的消极影响相对较小。2009 年国际货币基金组织数据显示，俄罗斯和墨西哥是新兴和发展中国家中受冲击和影响最大的，经济增长速度分别下降到 -9.0% 和 -6.8%。中国和印度的经济增长速度分别为 8.7% 和 5.6%。日本与欧元区经济增长速度下降到 -5.3% 和 -3.9%。[①] 欧美等发达国家经济衰退导致非洲裔移民大批失业，这部分失业大军也不得不重返家园。

2. 非洲地区国家经济出现转机

近年来，非洲一些国家的政局和社会趋于稳定，经

---

① 保建云：《论金融危机对全球经济增长与贸易格局的影响及世界经济面临的主要问题》，《云南财经大学学报》2012 年第 4 期，第 26 页。

济前景看好，吸引着一些非洲海外移民回归。大举回归的态势出现在处于上升期的非洲海外移民中，尤其是一些年轻移民。在伦敦工作多年的尼日利亚裔商业分析师洛雷克阿金诺拉说，我们称自己是"回归的一代"①。

　　尽管一些非洲国家还在贫困和动荡中挣扎，但近年来很多国家出现了经济增长稳定的势头。最近的调查显示，因为发现祖国有更好的机会和生活方式，很多在美国工作的非洲专业人士开始"返乡"。一些非洲国家（如尼日利亚、加纳、肯尼亚）的在美"同乡会"表示，其成员正在抛弃衰退时代的美国，而选择落后、经常停电甚至没有网络的非洲，加入返乡之列。美国皮尤研究中心的研究显示，非洲很多地方对生活品质的满意度正在上升，而美国则有所下降。在美国，一些非洲人要兼职两三份工作才能维持生计，在非洲，很多国家尽管存在这样那样的问题，但是生活相对更简单轻松，人们有更多时间体验家庭的天伦之乐。这种轻松的慢生活方式让人们更多地体会生活的快乐，人们充满了乐观情绪。返

---

① 刘祥：《非洲海归潮》，《世界博览》2011 年第 20 期，第 49 页。

回非洲的潮流正好印证了一些对非洲的研究结果。[①] 20
世纪末，许多非洲裔移民怀着对美好生活的憧憬来到美
国，虽然住在豪华公寓，过着中产阶级的生活，但是公
寓里配备的游泳池和健身房对他们来说就是一种摆设，
他们工作时间太长，没有时间享受生活，没有时间陪家
人。发达国家的快生活看似风光，其实生活质量不理想，
所以现在有很多非洲人宁可放弃在发达国家的生活，回
到落后的非洲去享受慢生活。

大多数非洲地区现在仍十分落后，还伴随着动荡不
安的政局，越来越多的精英阶层发现正是这种未开发或
半开发的地区才有随处可见的机遇。那些在西方学习工
作并生活多年，放弃了大城市美好生活和大好前途的非
洲裔高管是回归本土的非洲人精英，他们正在成为非洲
大陆发展的领军人物和重要力量。

（二）能够从事体现自身价值的事业是非洲国家人才回流的另一个重要原因

跨国公司在非洲要打开市场首先要做的是人才储备，

---

① 王惠卿：《重返非洲：美经济衰退促非洲人才返乡》，《第一财经日
报》2009 年 6 月 2 日 A04 版。

在欧美国家遭受经济危机打击的时候，大多数非洲海归比那些留在欧美的人才升职更快，拥有欧美国家工作经验的人才炙手可热，这也引发了在非洲的跨国公司对非洲人才的招募狂潮，一名经验丰富的员工总会受到各大公司的竞争。波士顿咨询公司非洲分公司从美国和欧洲招募了一批非洲裔员工，这些人中有一部分当时正在遭遇职业瓶颈。回归非洲后，多数人经过努力都晋升到高层位置，感觉自己大有前途，找到了体现自身价值的途径。[1]

（三）中东和非洲国家吸引人才回流采取的措施

如何做好优秀海外移民的回归工作直接关系到一个国家能否吸引并留住高科技人才，确保其在世界经济、科技竞争中立于不败之地。因此，近年来世界各国（地区）政府都不惜代价，通过各种渠道，采取各种措施吸引海外优秀人才回国服务，确保人才能在国内安居乐业、顺利发展事业。

中东和非洲国家采取的措施主要是利用" 海外科学

---

[1]　参见刘祥《非洲海归潮》，《世界博览》2011 年第 20 期，第 49 页。

家协会"等社会团体邀请专家、教授回国服务。据联合国统计，目前约有一些国家（地区）的旅美科学家组建了50多个拥有上千名会员的"旅美科技协会"。大多数旅美科技协会创建于20世纪90年代初，宗旨是以国家经济建设与社会发展为奋斗目标，与国内科学家合作，共同研制、开发高新技术，为国家服务。其中有些科技组织已步入美国主流社会，如南非海外科技协会。近几年，还出现了一些跨区域的旅美科技协会如"伊朗科学家协会""阿拉伯海外科学家协会"等。还有些国家也采取了其他方式来招募海归人才回国效力，如尼日利亚设立了500万美元的海外人才基金，并派出庞大的代表团前往美国招募本国留学生。肯尼亚建立海外人才技能网站，非盟也计划设立一所大学，专门吸引非裔专家返非开展研究。贝宁、加纳等国对海外人员进行爱国教育，鼓励他们利用资金和技术报效祖国。① 南非政府则修改了移民法，放宽了对外国人才的限制等。但由于非洲国家所能提供的科研和生活环境与发达国家的差距过于悬殊，这些措施总的来说收效不大，海归人员的数量和规模仍十分有限。

---

① 岑建君：《世界各国（地区）重视"人才回收"工作》，《世界教育信息》2001年第8期，第6页。

四　中东和非洲国家吸引人才、留住人才需要解决的问题

随着知识经济时代的到来，人才成为决定国家发展的核心竞争力。越来越多的中东和非洲国家意识到，要改变目前人才流失的趋势，必须迅速采取措施培养、吸引和招募人才，只有这样才不会在国际人才竞争的舞台上被进一步边缘化。针对这一严峻形势，对于中东非洲国家人才回流的措施和建议主要有：

（一）调整教育结构，搞好职业培训调研

重点培养一些国内急需专业的高校毕业生和职业技校毕业生，使学生专业对口，跨出校门后很快就能适应工作岗位要求，减少高校毕业生的失业率。

（二）适当增加国家对科研的投入，改善科研环境

前联合国秘书长安南指出，目前非洲国家（南非除外）的科研投入太少，仅占国民生产总值的0.2%，科研成果也仅占世界总数的0.3%。要彻底改变这一局面必

须大幅度增加对科研工作的投入，改善科研环境。只有形成适宜高级人才发展和发挥自身能力、体现自身价值的生长环境，才能够最终留住人才，不能单纯地以为将人才引进来就万事大吉。

（三）结束政局动荡，吸引人才回流

只有在政治稳定的大环境下，才能保障国家经济的持续健康发展。因此为经济发展创造和平的环境，建立一个安全、可靠的社会政治环境是吸引中东非洲国家人才回归的先决条件。

（四）加强艾滋病的预防，争取国际援助和减免外债，提高人才身体素质

2012年12月1日，世界卫生组织和联合国艾滋病联合规划署联合发布的报告显示艾滋病在非洲大陆特别是撒哈拉以南非洲地区蔓延趋势依然强烈。由于艾滋病的蔓延，非洲的博茨瓦纳、马拉维、斯威士兰和莫桑比克等国家的人均寿命已经下降至40岁以下，在不久的将来，非洲国家的人均寿命将从目前的62岁下降到47岁。且感染者中有许多企业管理人员、教师、医生、工程技

术人员和技术工人。报告预测2020年受艾滋病影响，非洲国家人均国内生产总值最多可能下降20%。[①] 艾滋病的预防和治疗需要大量的资金支持，对于经济落后的非洲国家来说争取国际援助和外债的减免意义重大。

目前，关于非洲人才外流的原因，一般总结为四点，即贫困与战乱；体制缺陷；经济待遇差；科研环境不理想。在非洲人才外流的问题上，发达国家有不可推卸的责任。国际社会应共同努力，探索在全球化进程中如何维护弱小国家利益的问题。[②] 2006年国际移民组织副总干事恩迪奥罗·恩迪亚耶呼吁非洲国家、移民途经国，以及移民目的地国协调移民政策，共同应对移民问题给非洲国家带来的挑战，逐步减少非洲人才外流。而非洲国家各国政府也应采取切实措施，在全社会营造尊重知识、尊重人才的氛围，鼓励海外人士回国效力。

人们越来越意识到，官僚作风盛行、工作环境恶劣、生活环境差的国家，是很难留住回归人才的。必须有一个国际性组织出面担负起这一艰巨的使命，鼓励人才接

[①] 《艾滋病仍然是非洲人的第一"杀手"》，2012年12月2日，央视新闻频道网站资料（http://www.cctv.com/special/289/1/29691.html）。

[②] 汤水富：《人才流失严重影响非洲经济和社会发展》，《中国改革报》2007年9月5日第6版。

收国停止从贫穷地区挖掘人才并且向那些人才外流的贫穷国家提供补偿。从技术移民受惠国收集来的资金将用来为发展中国家提供人才培训、交流与合作和改善工作环境。如果不在全世界各国同时采取行动，那么科学技术领域的高级人才就会不断地向富国流动。发展中国家就会成为发达国家取之不尽，用之不竭的人才库、智囊团，它们的基础设施和社会服务——尤其是卫生和教育则会继续恶化，发展中国家就会面临越来越被边缘化的下场。①

中国与非洲合作历史悠久，中国政府通过设立"非洲人力资源开发基金"等组织与非洲在人力资源开发领域进行合作。在该项基金支持下，中方有关部门已经在当地为非洲国家培训了一些职业教育、汉语教学、文艺、体育和杂技等人才，还向非洲国家派遣了专家和教师，为非洲国家培训了数千名外交、经济管理、农业、卫生、教育，科技、文化和服务等领域的专业人才。中国政府的这些举措受到非洲国家政府和人民的广泛赞扬。②

---

① Robyn Iredale：《从根本上解决人才外流》，2003 年 8 月 12 日，科学与发展网络资料（http：//www. scidev. net/zh/china/opinions/zh - 40184. html）。

② 王文成：《非洲期待人才回流》，《经济日报》2005 年 8 月 9 日第 8 版。

拉丁美洲人才发展的宏观环境、运行机制及存在的问题

宋　霞①

摘要： 在发展中地区，拉美国家是较早开始也是较重视人才培养的。拉美地区国家众多，规模大小不一，发展程度差异很大。就人才开发而言，拉美各国的发展模式和政策各具特色，一些国家已经从政策上开始重视人才的发展问题，但多数国家，尤其是一些中小型国家根本没有现代意义上的人才发展战略，因此很难在一篇文章里面面俱到地进行论述。本文主要以巴西、墨西哥、

---

①　宋霞，北京大学历史学博士，中国社会科学院拉丁美洲研究所副研究员。

阿根廷、智利等拉美大中型国家为范本，对拉美国家的人才发展战略的宏观背景、人才开发的运行机制以及存在的问题进行粗略分析。拉美国家的人才发展战略主要囊括在科学技术创新政策和教育培训政策当中，对各级和各类人才发展都有涉猎，但主要关注的是研发人才的培养。为此，拉美各国制订了一系列人才培养计划。本文首先分别从优势和劣势两方面探讨拉美人才发展的宏观背景。其次，分析了拉美人才发展的内在运行机制，包括有关人才发展的各种计划、法律法规以及资助和评估机制，拉美研究型大学和职业培训体系对高级人才的培训机制等。再次，论述了拉美各国的留学生归国计划和人才吸引政策。最后从五个方面探究了拉美地区人才发展存在的问题，如长期的政策执行力弱，缺乏连贯性和稳定性，官僚主义严重，法律程序复杂，致使拉美人才总体国际竞争力不足，属于人才工程启动，但长期在低水平徘徊的类型；区域、经济、人口、知识等发展的不平衡；教育体系内部发展不均衡，基础教育落后和后发无力；师资力量比较薄弱，教学效率和质量低下以及拉美地区尚未普遍建立以企业为主体的研发和创新体系；仍缺乏从研究型人才向应用型人才转化的机制等。

关键词：拉丁美洲；人才发展；宏观背景；机制；存在问题

引　言

世界银行曾经指出："知识已经成为经济发展的一个最重要因素。"在即将进入知识社会的过程中，各国对高端人力资本，即人才（human talent）的需求必然剧增。①2011年达沃斯世界经济论坛年会之前，世界经济论坛的创始者和执行主席克劳斯·施瓦布（Klaus Schwab）指出，新的世界模式将以人才发展为核心："任何国家和商业模式在未来竞争力方面的成功将更少地建立在资本的基础上，而更多地建立在人才的基础上。"②2011年1月，ManpowerGroup在达沃斯世界经济论坛年会上更声称

---

① 知识经济的支柱之一是有高度发达的人力资本储备，一般来说，人力资本的开发包括各种层面上的教育，高等教育的发展尤其重要，因为大多数研究与开发行为依靠的是高层次专家的参与。

② ManpowerGroup, Manpower Place Milwaukee, "How to Unleash Latin America's Greatest Resource, Talentism is the New Capitalism", 2012, p. 1 (www. manpowergroup. com).

世界已进入人才时代（Human Age），是人才主义（talentism）起决定作用的时代。在人才时代，高端人才（skilled human talent）① 成为生产力提高的引擎。虽然资本同样重要，但必须与人才发展相结合。人才成为经济增长的一个至关重要的新因素，对民族国家和国际层面上的事务产生极大影响。

那么什么是"人才"？人才又有哪些不同类型呢？

目前对于人才的定义纷繁复杂，并不统一。英文中关于"人才"的概念就有十多个。② 经济学家和一些国际组织都对人才给出了大同小异的定义，其中比较有代表性的是联合国拉美经委会智利经济学家安德烈斯·索利玛诺（Andrés Solimano）的定义，他将人才界定为一种主要的经济资源，认为人才是科学、技术、商业、管理、艺术、文化和其他活

---

① 从世界范围看，关于人才和人才发展的理论起源于 20 世纪 60 年代以来西方经济学家的研究。20 世纪 60 年代初，贝克（Becker）、舒尔茨（Schultz）和丹尼森（Denison）等经济学家纷纷提出了关于人力资本开发的概念和理论。20 世纪 80 年代末 90 年代初，卢卡斯（Lucas）和罗默（Romer）等学者提出了人力资本开发与提高劳动生产率和促进技术变革之间关系的理论。人力资本被认为是影响经济增长的决定性因素之一。

② 如 skilled human talent，talented individuals，human talent，talent，national talent，high qualified human capital，highly skilled，highly qualified individuals，high – skills individuals（HSI），creative talent，high level talent，qualified talent，highly skilled and talented professionals（HS&T）等。

动的创造源泉，他们拥有特殊专业知识、天赋或技术技能，通常是受过高等教育或第三等教育（tertiary education）① 的人。他还根据职业特征和工作性质如自我雇佣者还是雇员等，将人才大致分为以下几类：

1. 技术人才（technical talent）。技术人才指信息技术、电讯和计算机科学领域的专家，拥有数学、工程学和计算机科学的大学或高等技术学院学历，是信息技术部门的新的软件和硬件的开发者，或从事工业、服务业、银行和政府等部门的软件应用，是生产部门的生产性资源，他们通常也被称为知识工人（knowledge workers）或知识资本的（intellectual capital）拥有者。②

2. 作为知识创造者的科学家（scientists）和学者

① 第三等教育指中等教育之后的一个教育阶段或教育水平，它包括传统上称之为"大学教育"的高等教育（higher education）以及一些非传统的非大学类高等教育机构和课程规划。21 世纪初，拉美几个大国中至少有 1/3 以上接受高等教育的学生是在非大学类高等教育机构中就读，非大学类教育机构约占拉美地区高等教育机构的 80% 以上。See, Daniel Levy, *Latin America's Tertiary Education: Accelerating Pluralism*; "Higher Education and Science and Technology in Latin America and the Caribbean: Responding to Expansion and Diversification", Brazil, Inter – American Development Bank, 2002, p. 3.

② Andrés Solimano, *Globalizing talent and human capital: implications for developing countries*, Santiago, August 2002, p. 10. http://www. andressolimano. com/articles/migration/Globalizing20% Human20% Capital, 20% manuscript. pdf.

（academics）。他们一般是物理学、数学、化学等自然科学或人类学、社会学、政治科学、经济学等社会科学方面的专家。

3. 医生和护士等健康部门的专业人员或专家（Professionals），他们为社会提供重要服务。

4. 创新企业家（entrepreneurs）和经理（managers），他们是财富创造者，不一定受过正规高等教育。按照熊彼特的观点，创新企业家（entrepreneurs）是资源动员、投资和创新的代理人，有积累资本、劳动力和利润的才能，可以转移创新成果，创造财富。如 Mellons、Rockefellers 等，他们除了在各个国家积聚了大量财富外，还致力于建造教育和学习中心。实际上，他们还建立了综合性大学，创立了以教育为目的的私人基金会，培养高级人才。

5. 在国际组织中流动的国际高管（international executives）或国际精英（international elites），他们可以在跨国公司工作，也可以在国际组织等官僚机构之间不断流动。

6. 艺术家等文化人才，他们在民族认同和民族凝聚力中起着重要作用。[1]

---

① Andrés Solimano, *The International Mobility of Talent and Its Impact on Global Development: an overview*, Santiago, August 2006, p. 7.

无论什么类型的人才，对于民族经济的发展来说，都具有极大的经济价值。因此，世界各国，包括拉美国家，都依据自身国情积极制订发展人才的各种计划和相关制度。

一   拉美人才发展的优势分析
——宏观环境

（一）经济持续增长、政治相对稳定以及社会形势的相对改善都有利于人才发展战略的推行

对于人才发展来说，拉美地区目前的宏观环境较好。

第一，从经济层面上看，拉美和加勒比地区是当今世界最具发展活力和发展潜力的地区之一，拉美已进入经济持续较快增长的新阶段。进入 21 世纪以来，尽管整体经济面临困难，但主要经济指标良性发展。尤其是 2008 年世界金融危机爆发以来，拉美各国采取了各种应对危机的措施，并在 2009 年和 2010 年进一步强化了积极的财政刺激等反危机政策，加大投资力度，实行灵活的货币政策等，使拉美和加勒比国家得以克服外部经济环境变化的不利影响，在宏观经济相对稳定的基础

上，保持了经济持续增长的趋势（2009 年除外）。阿根廷、智利、玻利维亚和秘鲁等国的增长态势更是比较强劲。经济的持续增长一方面使政府有能力进一步发展人才资源战略，另一方面，经济的发展也产生了对人才的极大需求。

第二，从政治层面上看，目前拉美政治形势总体来说处在比较好的时期。有人甚至称 2010—2020 年是"拉美的十年"。自从 20 世纪 70 年代末 80 年代初"还政于民"以来，拉美多数国家政治局势保持相对稳定，基本没有大的政治动荡和冲突，民主制度进一步巩固。尤其是 20 世纪 90 年代以来，委内瑞拉、玻利维亚、厄瓜多尔、尼加拉瓜、阿根廷、巴西、智利、乌拉圭等中左翼政府纷纷在拉美国家立足，形成了"3.65 亿南美人中大约有 3 亿生活在左翼政府控制之下"① 的局面，标志着一股新的变革潮流的出现。中左翼政府更加强调国家对经济和社会生活的干预，大规模制定相关政策，重视教育和人力资本的开发。如厄瓜多尔在 2009 年就制定了明确

---

① 《纽约时报》，2005 年 12 月 24 日，转引自 ［印］艾加兹·艾哈迈德《玻利维亚有可能实行社会主义吗?》，载《国外理论动态》2006 年第 4 期，第 18 页。

的人才发展战略——"国家人才发展奖学金计划"。

第三，从社会层面上来看，各国纷纷出台了扶贫计划，拉美各国的贫困人口不断减少。

尽管整体上来看，拉美目前仍有将近 1/3 的人口是穷人，但近几年基本处于不断减少的态势。如 1999 年拉美全国贫困人口占总人口的 43.8%，赤贫人口占18.6%；到 2011 年拉美贫困人口下降为占总人口的29.4%，赤贫人口下降为占 11.5%。①

从人口构成方面看，拉美地区在人口上具有明显优势。

自 1970 年至今，拉美各国的年轻人在整个人口中所占的比例较高，经济活跃人口和最有创造力的年龄段的人口资源较充足，占总人口比例的 65% 左右。拉美各国25—59 岁经济活跃人口的经济参与度也较高，基本保持在 80%（见表 2 - 1）。这不但对经济发展是有利的，而且为人才的开发提供了雄厚的储备。

---

① Alicia Bárcena, Antonio Prado, Luis Beccaria, Ricardo Pérez, *Statistical Yearbook for Latin America and the Caribbean*, 2012; *Economic Comission for Latin America and the Caribbean*, Santiago：United Nations publication, 2012, p. 65.

表2-1　拉美各国城市人口经济参与度（率）（按性别和年龄段，2011年）（单位:%）

国家	男性和女性					男性					女性				
	15—24岁	25—34岁	35—44岁	45—59岁	60岁以上	15—24岁	25—34岁	35—44岁	45—59岁	60岁以上	15—24岁	25—34岁	35—44岁	45—59岁	60岁以上
阿根廷	40.9	79.8	82.4	77.7	26.1	49.6	93.5	96.9	92.5	40.2	32.1	66.7	69.1	64.0	16.3
玻利维亚	44.6	81.8	85.7	82.7	45.0	48.8	94.4	96.4	95.3	58.8	40.5	70.5	74.8	71.5	33.3
巴西	59.3	83.1	82.4	70.1	23.6	66.1	93.3	94.3	85.4	36.1	52.4	73.6	71.9	57.0	14.2
智利	35.2	77.9	79.4	72.7	25.6	41.4	89.4	94.3	92.3	40.7	28.8	67.2	66.7	56.5	14.9
哥伦比亚	54.2	87.0	87.4	78.7	33.5	60.2	96.5	97.2	92.8	48.1	48.2	78.2	79.0	66.6	22.2
哥斯达黎加	47.0	84.9	82.1	71.4	23.4	54.0	95.2	96.9	91.4	40.5	40.2	75.1	69.1	54.5	11.8
厄瓜多尔	40.1	80.8	81.3	75.6	38.9	50.7	94.7	98.3	94.5	52.9	29.7	67.8	67.7	58.8	26.9
萨尔瓦多	43.0	79.8	83.4	73.7	37.0	52.2	94.4	96.9	92.9	50.1	34.5	68.6	72.2	60.8	27.6
危地马拉	59.2	78.8	79.8	75.2	44.4	71.4	96.3	98.5	95.1	63.5	48.2	64.3	65.4	59.1	28.6
洪都拉斯	46.5	75.5	79.5	72.7	38.4	56.9	91.3	90.9	91.1	52.7	36.9	63.1	70.4	58.6	28.2
墨西哥	47.5	77.2	78.4	71.2	31.5	59.0	95.5	97.6	92.9	47.6	35.5	60.9	61.9	52.5	18.5
尼加拉瓜	45.8	78.3	81.9	74.3	34.1	58.5	94.2	95.7	89.5	51.2	34.1	64.5	71.8	61.8	22.8
巴拿马	43.5	80.4	83.2	76.7	22.4	56.3	97.0	97.2	93.4	33.0	31.5	65.9	70.7	62.2	13.9
巴拉圭	55.9	83.5	82.9	76.0	36.6	61.6	95.1	98.1	92.6	48.6	50.3	73.0	69.7	61.4	26.4
秘鲁	56.7	83.2	86.5	83.5	46.1	62.5	92.7	96.4	94.8	58.4	50.9	74.1	78.1	73.8	34.8
乌拉圭	54.1	88.5	89.0	82.7	25.0	61.0	95.5	96.8	92.9	35.3	46.7	81.8	82.0	73.9	17.9
委内瑞拉	42.6	80.8	85.0	75.4	35.2	54.7	94.6	97.4	92.1	51.2	30.1	66.8	72.6	59.2	21.0

资料来源：Alicia Bárcena, Antonio Prado, Luis Beccaria, Ricardo Pérez, *Statistical Yearbook for Latin America and the Caribbean*, 2012, *Economic Comission for Latin America and the Caribbean*, Santiago: United Nations publication, 2012, p. 41。

二　拉美人才发展的劣势分析
——宏观环境

（一）目前拉美地区仍是全世界贫富差距最大的地区

虽然近几年拉美经济持续增长，各国也纷纷推行了减少贫困的社会政策，但贫富差距状况仍十分严重。最近 20 年，拉美基尼系数（衡量不平等的指标）只减少了 0.03%，从 1990 年的 0.55 减少到目前的 0.52。按国别来看情况更加明显。如巴西是拉美地区综合实力最强、科技最发达、工业体系最完整的国家，同时也是拉美贫富差距最大的国家，2001 年基尼系数竟高达 0.639，即便到了 2011 年有所降低，也高达 0.559。[1] 贫富差距大是造成社会不稳定的潜在危险因素，不利于人才的发展和保留。另外，收入分配不均还导致拉美劳动力中完成中等和第三等教育的人口比例分别仅为 4% 和

---

[1]　Alicia Bárcena, Antonio Prado, Luis Beccaria, Ricardo Pérez, *Statistical Yearbook for Latin America and the Caribbean*, 2012, *Economic Comission for Latin America and the Caribbean*, Santiago: United Nations publication, 2012, p.70.

8%，低于其他中高等收入的国家的平均数据。① 这显然不利于人才的可持续性发展。

（二）拉美各国长期存在的大规模非正规经济和非正规劳动力，影响了人才库（brain bank）的建立

虽然拉美人口不断增长，年轻人口占总人口比例相对较高，但缺乏可用的人才储备，仅有大量的年轻人口并不能解决人才短缺的问题。有学者提出，拉美存在所谓的"可雇佣性危机"（employability crisis），即可用的工人数量供应过剩，同时有技能的人才又供应不足，供需存在很大差距。在巴西，有将近40%的雇主找不到合适的人才，而将近60%的人找不到合适的岗位，仍有1100多万失业人口，占总人口的5.7%；墨西哥则有260万，占经济活跃人口的5.2%。② 乌拉圭有近20%的工人

① Guillermo A. Lemarchand, ed., "National Science, Technology and Innovation Systems in Latin America and the Caribbean", *Science Policy Studies and Documents in LAC*, Vol. 1, UNESCO, 2010.

② ManpowerGroup, "*How to Unleash* Latin America's Greatest Resource, Talentism is the New Capitalism", 2012（www. manpowergroup. com）.

被认为是低效劳动力（low productivity）。[1]

　　"可雇佣性危机"造成的结果之一是青年人就业的非正规性（informalization）。即便对于那些受过高等教育的人来说，非正规部门也越来越成为最可能的就业资源。工人们被迫到商业和服务业领域寻求工作，而且多数是低生产率、低收入、高风险、无社会保障和无法律保障的非正规工作岗位。据统计，20 世纪 90 年代拉美城市地区创造的所有新就业岗位中有 66% 在非正规部门，正规部门产生的就业岗位仅占 34%，[2] 在巴西、哥伦比亚和墨西哥等人口较多的国家尤其如此。20 世纪 90 年代中期，巴西、巴拉圭和秘鲁 40% 以上的雇员，阿根廷和哥伦比亚 1/3 以上的雇员是临时性的。玻利维亚和巴拉圭有 60% 以上的雇员没有社会保障。就整个地区而言，拉美约有 67% 的年轻工人是不稳定就业，不享受同成年人

---

　　① Suzanne Duryea, Carmen Pagés, "Human capital policies: what they can and cannot do for productivity and poverty reduction in Latin America", *Research Department Working paper series*, 468, Inter – American Development Bank, 2002, p. 20.

　　② Barbara Stallings and Jürgen Weller, *Job creation in Latin America in the 1990 s: The foundation for social policy*, July 2001, p. 127 (http://www. eclac. org/cgi – bin/getProd. asp? xml =/publicaciones/xml/3/7513/P7513. xml&xsl =/de/tpl – i/p9f. xsl&base =/de/tpl/top – bottom. xsl).

一样的社会保障福利，只有 37% 的青年人有健康和养老金保险，对于农村青年来说，情况要差 3 倍以上。

（三）拉美持续的人才外流现象仍然严重

20 世纪五六十年代，拉美国内政治的动荡导致高级技能人才严重外流。如 1961—1970 年，拉美有约 6.1 万名专家和技术人员（除科学家、工程师和医生外，这一群体还包括建筑师、医疗辅助人员、会计等）流入美国。[①] 这些移民中的大部分来自比较发达的拉美国家或来自墨西哥、阿根廷和哥伦比亚等拥有大量高技能人才储备的国家。而对于哥斯达黎加、萨尔瓦多、危地马拉、洪都拉斯和尼加拉瓜等高技能人才储备量较小的小国家，人才外流较严重的群体是大学研究生，据估计，1959—1967 年间，这些国家的大学毕业生中有 10% 到 40% 的移民到美国。[②] 另外，这期间还有大量加勒比地区医生严重流失。有学者统计，20 世纪六七十年代以来拉美专家的外流造成了拉美 300 亿美元的损失，拉美地区每年投资

---

① Susana Torrado, "International Migration Policies in Latin America", *International Migration Review*, Vol. 13, No. 3, Autumn 1979, p. 435.

② Ibid., p. 436.

30 亿美元用于科学技术行为，拉美专家的外流造成的损失等于拉美地区 10 年的科学技术开支之和，比美洲开发银行自 1961 年以来对拉美科学技术的直接投资高 9 倍还多。①

自 20 世纪五六十年代以来，由于种种原因，② 拉美和加勒比地区人才外流现象日趋严重，尤其是接受过高等教育的高端人才。1970—2000 年间，墨西哥、萨尔瓦多和牙买加有 10% 以上的劳动力移民到美国。③ 多数加勒比国家流失了 50% 以上完成第三等教育的劳动力，30% 以上完成中等教育的劳动力，有的加勒比国家甚至有 70% 以上的已经完成 12 年以上完整学校教育的高技能

① H. Vessuri, "Science, politics, and democratic participation in policy-making: a Latin American view", *Technology in Society*, Vol. 25, 2003, pp. 263 - 273 (http://www. elsevier. com/locate/techsoc).

② 包括发达国家由于本国缺乏高技能专业人员而实行优惠的移民和签证政策吸引拉美等发展中国家的人才（美国、英国和德国等对信息技术专家、护士和医生、国际科学家和研究生都有专门的优惠性签证计划）；拉美国家长期存在的缺乏安全和稳定性，暴力、贫困以及大学的低工资、工作条件差、官僚主义严重等不利因素；新的信息技术传播的便利以及交通成本不断降低等。

③ Davis, D. R., D. E. Weinstein, "Technological Superiority and Losses from Migration," NBER Working Paper No. 8971, Cambridge, Masachusetts: National Bureau of Economic Research, 2002 (http://www. columbia. edu/—drd28/Migration. pdf).

人才流失到 OECD（经济合作与发展组织）国家，如牙买加和圭亚那受过高等教育的劳动力（12 年以上受教育年限）中分别有 85% 和 89% 的移民到 OECD 国家，成为世界高技能劳动力流失最严重的地区之一。[①] 海地是拉美地区移民率最低的国家，大约有 10% 的人口移居国外，但受过第三等教育的劳动力也有 84% 移民到 OECD 国家。[②] 考虑到巴巴多斯、特立尼达和多巴哥、牙买加等国政府在高等教育领域的人均投资远远大于对中等和初等教育的人均投资，如 1999—2002 年间三国在第三等教育领域的投资分别占人均 GDP 的 62%、69% 和 76%，这种高技能移民（high - skill emigration）造成的损失之大可见一斑，经济损失从占多米尼加共和国 GDP 的 2% 到占牙买加 GDP 的 20% 不等。[③] 据统计，1961—2002 年间，

---

① Prachi Mishra, "Emigration and Brain Drain: Evidence From the Caribbean", *International Monetary Fund WP/06/25*, IMF Working Paper, 2006, p. 5（http://www.imf.org/external/pubs/ft/wp/2006/wp0625.pdf）.

② Docquier, F., A. Marfouk, "International Migration by Educational Attainment (1990 - 2000)", Release 1.1. Washington DC: World Bank, 2005（http://unpan1.un.org/intradoc/groups/public/documents/apcity/unpan022366.pdf）.

③ Prachi Mishra, "Emigration and Brain Drain: Evidence From the Caribbean", International Monetary Fund WP/06/25, IMF Working Paper, 2006, p. 27.

拉美和加勒比有 120 万名以上的高技能人才移民到美国、加拿大和英国，这造成拉美地区 300 亿美元的损失。1990—2000 年间拉美地区移民到 OECD 国家的高级技能人才平均增长了约 11%。但是多数高级技能移民在美国等发达国家遭遇人才浪费现象（brain waste），他们从事的基本是半熟练和非熟练工作。①

拉美国家拥有大学以上文凭的高级人才移民率非常高。根据美国 2000 年人口普查的数据，拉美移民占美国 25 岁以上移民人口的一半，仅墨西哥就占 25%。就教育水平来看，与拉美其他地区相比，南美移民到美国的人口受教育程度较高，南美移居到美国的移民中有 26% 拥有大学以上学历，89% 拥有高中以上学历。美国吸引了拉美约 60% 的高技能专家和创新企业家。拉美到美国的移民中至少有 18% 拥有大学以上学历，② 据 20 世纪 90 年代美国人口普查显示，乌拉圭的专家和技术人员移居国

---

① Jahir Calvo，"The international mobility of the highly skilled and talented individuals：Perspectives from Latin America"（http：//www. guninetwork. org/resources/he－articles/the－international－mobility－of－the－highly－skilled－and－talented－individuals－perspectives－from－latin－america）.

② çağlarÖzden，"Brain Drain in Latin America"，2006（http：//www. un. org/esa/population/meetings/IttMigLAC/P10_ WB－DECRG. pdf）.

外的比例占劳动力储备的 12% —14%。① 巴西高学历人才的移民占移民总数的比例最高，如整个 20 世纪 90 年代培养出的研究人员中只有 51% 留在巴西。② 据世界银行估计，2000 年有 14% 的墨西哥大学毕业生、11% 的哥伦比亚大学毕业生、5% 的智利大学毕业生移居国外。③ 2001 年，49.4 万名拉美裔科学家和工程师占美国科学和技术部门（包括社会科学部门）聘用的外国专家总数的 15%，④ 而且美国等发达国家吸引的拉美专家和技术人员基本是"硬"技能领域的人才。拉美地区内部的人才流动也很频繁，如智利有 70% 在哥斯达黎加工作的人属于高技能人才，这一比例在特定部门更高，如金融和服务

① Adela Pellegrino, "Skilled Labour Migration from Developing Countries: Study on Argentina and Uruguay", *International Migration Papers*, International Labour Office, Geneva, 2002, p. 3 (http://www.ilo.org/wcmsp5/groups/public/ed_protect/protrav/migrant/documents/publication/wcms_201785.pdf).

② Hans de Wit, Isabel Christina Jaramillo, Jocelyne Gacel - ávila, Jane Knight, Editors, *Higher Education in Latin America*, *The International Dimension*, The International Bank for Reconstruction and Development, The World Bank, 2005, p. 136.

③ Andres Oppenheimer, "Latin 'brain drain' may be net positive in the end", *The Oppenheimer Report*, Posted on Sun, Jul. 17, 2005 (http://www.miami.com/mld/miamiherald/news/columnists/12150365.htm? template = content).

④ Sylvie Didou Aupetit, "From brain drain to the attraction of knowledge in Latin American social sciences", *World Social Science Report*, p. 123.

部门分别为 89% 和 83%。①

三　拉美人才发展的内部运行机制

（一）拉美政府各部门有关人才发展战略②的主要计划、法律法规以及资助和评估机制

1. 拉美各国积极制定相关计划和法律法规等促进人才发展

以巴西为例，早在 20 世纪 50 年代初，巴西空军技术研究院便开设了电子工程课，培养了第一批电子工程专家。20 世纪六七十年代以来，拉美多国的军政府上台后，启用了大批技术专家进行治国。这些拥有决策权的经济学专家深受美国经济学家舒尔茨的人力资本理论的影响，建议大规模发展适合科技和经济发展需要的职业

---

① Guillermo A. Lemarchand, ed., "National Science, Technology and Innovation Systems in Latin America and the Caribbean", *Science Policy Studies and Documents in LAC*, Vol. 1, UNESCO, 2010, p. 22.

② 人才发展战略分为专门的人才发展政策（talent - specific policies）和与人才发展有关的政策（talent - relevant policies），拉美大多数国家的人才政策很明显属于后一种类型。人才发展一般是与高新科学技术的发展相伴随的，人才的发展策略主要包含在政府的教育培训政策和科技创新政策当中。

和技术人才。当时拉美一些国家通过"卓越岛"（islands of excellence）来培训拉美科技领域的高级人力资源。如巴西 1973 年在 8 个"卓越中心"（centres of excellence）提供设备和场地，补贴和资助人才的硕士和博士学位的学习。

1968 年巴西颁布的《大学改革法》调整了高校课程的设置，在正规大学开设了统计学、科学社会学、知识管理、经济管理、电子学、信息学、航天技术、创新经济学、技术社会学和科学技术人类学等新兴学科和跨学科，创办大量正规专科大学和专科院系，使巴西的高等教育从以前偏向社会科学和人文学科等"软领域"（soft fields）① 转向重视科学和技术等实用学科或"硬领域"的发展，目的是为经济发展提供所需的高级专业技术人才。据统计，高等教育改革后，巴西法律专业和医学专业毕业生的比重从 1953 年的 59.7% 降至 1979 年的 17.8%，而自然科学和工程专业的毕业生比重从 1953 年

---

① Simon Schwartzman，"Latin America：Higher education in a lost decade"，*Prospects*，Vol. 21，No. 3，1991（http：//www. springerlink. com/content/u1q65167gxt37x6u/）.

的 19.8% 升至 1979 年的 35.5%。[①]

近几年，拉美各国迎来了新一轮大规模发展人才的时期。几乎所有的国家至少在政策设计层面上都制定了一些扶持人力资本发展的举措（见表 2-2）。

表 2-2   拉美国家主要的人才发展计划

国家	人才发展计划的名称	主要内容
阿根廷	国家技术与生产创新计划（2004年）	优先支持和资助博士队伍的建设，并以此加强国家科学和技术基础
	研究生和博士生奖学金计划	对在国内外大学求学的研究生提供资助
	科学和技术行为等级计划（2004年）	提高奖学金受益者比例和奖学金份额，将研究人员永久性保留在科研体系中，吸引年轻人才从事研究
	大学教授激励计划	提高在国立大学研发领域工作的高级大学教授工资
巴西	东北生物技术网络（Renorbio）（2003年）和《优秀人才法》（2005）	优先资助东北部和亚马逊贫困地区的高端科研人力资源尤其是生物技术人才的建设
	万人精英计划（见图1）	由隶属于科技部的科学技术发展委员会（CNPq）资助，培养和发展巴西科研人才队伍
	科学无边疆计划（2011年）	旨在打破国界的限制，实现人才的跨国培养、引进和交流

[①] 曾昭耀、石瑞元、焦震衡主编：《战后拉丁美洲教育研究》，江西教育出版社 1994 年版，第 114 页。

续表

国家	人才发展计划的名称	主要内容
智利	国家科学技术研究委员会（CONICYT）的研究生奖学金计划	利用公共资金资助硕士、博士和博士后以及在国内和国外大学进修学生的学习和研究
	教育部属下的共和国总统奖学金计划	为来自底层社会背景的学生接受高等教育提供奖学金
	国家科学技术研究委员会制定的二百年科学和技术计划（PBCT）	增强科学技术部门的优秀人力资源储备，该计划由出售铜矿获得的利润资助
	智利奖学金计划	资助博士后、博士、硕士，医学专业等学生，培训教师
	智利国际奖学金计划（BECAS）或（BCP）（2008 年）	培养高级人才的计划，为在国外继续学习人员提供奖学金
	国家创新战略（2008 年）	
哥伦比亚	基因组优秀人才中心	从事人力资源的培训，科学家的交流，以及基因学和生物计算机科学技能的培养
	8 个优秀人才研究中心	支持硕士和博士阶段高级人力资源的建设
	国家工业和技术发展计划（2000—2010 年）	通过贷款和补贴制度扶持研究生和博士人力资本建设
哥斯达黎加	全国高技术中心（CENAT）	专门负责发展高技术领域的研究和研究生计划
厄瓜多尔	国家人才发展奖学金计划（2009 年）	负责资助在国外大学进修的硕士、博士和博士后的研究和学习，为人才培训和发展战略提供财政资助等
墨西哥	科学技术法（2002 年）、科学技术法修正法令（2009 年）	科学技术人力资源的开发
	研究生教育奖学金计划	为在国内和国外接受研究生学习和教育的学生提供奖学金，以此加强墨西哥的科学家和技术专家的教育
	全国高质量研究生课程计划（PNCP）	不断提高和保证国内研究生课程的高质量，增强国家的科学、技术、社会创新的能力，为全国的研究生课程计划的创建或巩固提供技术和财政资助

续表

国家	人才发展计划的名称	主要内容
巴拉圭	国家科学技术政策（2002 年）	优先建设工程学和矿业部门高端人才
	扶持科学技术创新发展计划（2007 年）	通过给予研究生奖学金的办法来强化国家的研究生课程
秘鲁	科学技术计划（PCYT）（2007 年）	为在国外大学学习的博士研究生提供奖学金
	基因组计划	支持基因学领域的研究生队伍建设
乌拉圭	国家研究生扶持计划（ANII）	创造或加强优先领域的国家研究生计划
	国家奖学金制度（SNB）和国家研究人员制度（SNI）（2007 年 18.172 号法批准制定）	使奖学金制度正规化和扩大化，对研究人员进行分类和评估，建立激励制度等
	人力资源计划（CSICUDELAR）	资助在国外实习医师（期）的计划，对参加国外会议提供资助计划，访问科学家提供资助的计划
委内瑞拉	成立委内瑞拉玻利瓦尔大学、工人玻利瓦尔大学、拉美农业生态学院、阿连德拉美医学院等新大学	培养专门人才
	促进和激励全国研究计划	专门负责培训高等教育机构高水平人才以及公共和私人部门研究的发展

注：以上资料均由笔者汇总、整理。

在拉美国家中，巴西最注重高端人才的发展。巴西教育开支的近 70% 用于高等教育领域，[①] 每年大约培养 7000 名博士，巴西的科学博士数量占整个拉美的 70% 以

---

① William Ratliff, *Doing It Wrong and Doing It Right*, Hoover Inst Pr., 2003, p. 9.

上。① 而且具有博士学位的人以每年 10% 的速度增长。②据美国国家科学委员会的统计，1999—2009 年间，中美洲和南美洲国家的科学和工程学专业（S&E）的论文总产出每年增加 5.6%，巴西是拉美地区科学论文数量增长最快的，每年增长 7.7%。③

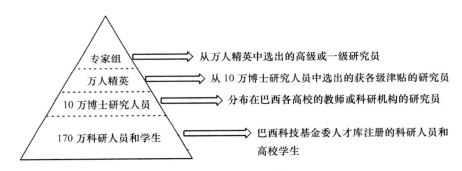

图 2-1　巴西科技人才金字塔：万人精英和 170 万科技人员队伍

（Relatório de Gestão 2010，CNPq，2011.）

2. 拉美各国人才发展的主要评估体系

目前，拉美多数国家基本建立起人才评估体系。如

---

① Guillermo A. Lemarchand, ed. , "National Science, Technology and Innovation Systems in Latin America and the Caribbean", *Science Policy Studies and Documents in LAC*, Vol. 1, UNESCO, 2010, p. 44.

② 网站资料（http：//www. undp. org/tcdc/bestprac/scitech/cases/stzbra z. htm）。

③ National Science Board, *Science and Engineering Indicators*, 2012, p. 33（http：//www. nsf. gov/statistics/seind12/pdf/seind12. pdf）.

墨西哥全国研究人员体系（SNI），对科学技术人才进行认证和同行评议，研究人员得到认证后可以被任命为国家研究员。这一称号代表他们科学工作的质量和声望，国家研究员可以同时获得一定的经济激励，不同级别获得奖励的数额也不同。乌拉圭2007年确立的国家研究人员制度（SNI）也负责对研究人员进行分类和评估，并以此建立激励体制。

巴西拥有一个系统化和制度化的全国研究生计划评估程序。其中巴西高等教育评价体系（CAPES Coleta Data）值得一提。从1976年开始，巴西教育部下属的高等教育促进办公室（CAPES）对巴西所有的研究生专业进行定期评估。1997年及以前，是根据每个领域委员会建立的标准，对每个专业给出A到E的打分。从1998年开始，高等教育促进办公室采用了从1到7的打分方式，得到6分和7分的专业被认为是世界一流的。为保证这些评估的有效性，高等教育促进办公室还组织高水平的国际专家组对所有专业进行定期评估。评估内容包括师资力量、基础设施、科研成果、教学计划、毕业生人数和社会活动等。

3. 拉美各国人才发展的主要资助机制

拉美人才发展的资助尤其是科研人才的资助主要通

过政府预算、企业、一些技术基金会以及国际资助机构。如阿根廷技术基金会（FONTAR）的资金优先资助 5 大科学技术开发领域的高级人才培训，阿根廷的研究生和博士生奖学金计划是由企业和 CONICET（国家科学与技术委员会）共同资助的；智利教育部的国家科学技术研究委员会（CONICYT）主要负责为科学技术研究开发和专业化人力资本建设提供公共资金，制订一系列明确的资助国内或通过国际网络的博士队伍建设的特别计划，为研究生培训提供奖学金；成立于 1976 年的智利基金会（Fundación Chile）则主要资助自然资源密集型部门中的人力资本开发，智利国外奖学金计划（BCP）则通过铜矿出口带来的收入和一个国外 60 亿美元基金的利息作为奖学金；墨西哥的教育研究部门基金是由公共教育部和国家科学技术委员会（CONACYT）确立的一个信托基金，目的是对专业化人力资源进行培训，为高级人才提供奖学金等，墨西哥的国家科学技术委员会（CONA-CYT）专门负责为高端人力资本建设提供公共资金，墨西哥的"公共研究中心（CPI）"直接干涉人力资本的构成，通过由专门的或特别的 CPI 研究资金提供补贴资助人力资本建设。

　　巴西拥有资助大学研究生学习的明确的公共补贴政策和贷款制度。巴西绝大多数的研究人员由公立大学培训，由公共资金资助。科技部附属机构——全国科学和技术发展委员会（CNPq）、巴西创新局（FINEP）、高等教育促进办公室（CAPES），国家经济和社会开发银行（BNDES）以及国家科学技术发展基金（FNDCT）等负责对人才发展的资助。如 CNPq 主要资助研究生学习，为科学技术创新活动和出版物提供补贴，为在国内外学习的研究生提供奖学金，通过科学交流或参加学术会议对研究人员进行培训，对教师和研究人员进行补贴等；FNDCT 主要由部门基金组成，资助生物技术、航空技术、能源技术、农业技术等各个部门专业人员的培训等。

　　值得一提的是，圣保罗州研究基金会（FAPESP）虽然是巴西州一级的科学和技术研究资助部门，但其在人才发展方面的作用非常重要。同 CNPq 一样，FAPESP 也向科学技术研究人员提供奖学金和研究补助等，鼓励和培养科技人才。2009 年，FAPESP 共资助了 1.1 万名学生和 0.8 万名研究人员，资助金额达 4 亿美元。①

---

① 　网站资料（http：//www.fapesp.br/）。

（二）研究型大学和拉美职业培训体系对高级人才的培训机制

拉美各国纷纷效仿美国等发达国家，建立"研究型大学"（research university）和大学研究模式（university research model），鼓励教师既从事教学又承担研究工作。如阿根廷设立了一个"研究型教师刺激计划"，旨在促进学术的全面综合发展，鼓励教师在教学之余积极从事科研工作，此计划的受惠者通常是那些已经参与课题的人。① 大学还执行培训高级"知识工人"的"第三使命"（third mission）功能②。拉美一些大学甚至开设了培养创新企业家的课程，如巴西里约热内卢天主教大学规定工程系学生必须完成创新企业家和商业管理的课程和培训。

在正规教育体制之外，拉美各国还纷纷确立了职业培训体系。如 20 世纪初，巴西分别在圣保罗和里约热内

---

① Ana M. García de Fanelli, *Society and Government Pressures on the Argentine Higher Education System*：*Obstacles to change*，Buenos Aires，CEDES，March 2001（http：//www. nyu. edu/pages/kjc/album/ 01spring/papers/Fanelli. doc）.

② 所谓第三使命，是指大学除了教育学生和进行独立研究这两种功能外，又具有了企业家以及为社会和经济发展服务的新角色和新功能。拉美大学功能的这种转变至关重要，因为，拉美大学是知识生产的集中地，如阿根廷、巴西、哥伦比亚和墨西哥等国有 60% 以上的研究人员集中在大学。

卢创办了布坦坦研究所和奥斯瓦尔多·克鲁斯研究所等专业性很强的工程学院和医学院校，培养专门人才。[①] 应该指出的是，巴西最早建立的专业机构基本上是以培养高端人才为目的的高等教育机构，巴西的职业培训体系比正规普通高等教育还早几十年。又如 1942 年，巴西工商业界的一些私人机构创办了国家工业培训局，它早期专门负责培训工业技术工人，编写教材和培训教师，现在则涵盖从最基本的技能培训到技术博士的培养。20 世纪 60 年代末以来，巴西非正规校外职业技术教育发展迅速，在培训人才方面成为正规教育的一个强有力的补充。巴西职业培训体系与工、农、商业各部门建立了密切联系，为它们培训高级技术人才。

　20 世纪八九十年代以来，拉美职业培训体系更加强调对高端人才的培训。如巴西国家工业培训局建立了中等教育部门和 45 家技术中心，专门培训高级工业技术专家；巴西圣保罗州制订的"国家工业培训局"培训计划针对的都是受教育程度最高的年轻人。1981—1988 年间，智利有 25% 以上的政府资金用于培训高级专家和经

---

① Kirsten Bound, *Brazil：the natural knowledge economy*, Demos, London, 2008, p. 21.

理。1993 年有将近 17% 的资助仍用于培训年薪 1.5 万美元以上的员工，他们占最高收入劳动力的 10%。2/3 的企业培训针对的是计算机操作、语言、管理、营销等高级技能。1990 年，智利政府资助企业的培训开支中有将近一半用于高级白领人才的培训。1988—1990 年哥伦比亚有 45 家非政府组织与国家学徒培训服务局合作，为 5 万名企业家提供管理培训，为 2 万名创新企业家提供 1500 万美元的贷款。[1] 巴西 1988 年新宪法第 214 条规定，政府应该重点扶持高级专业的培训，尤其是科学、研究和技术领域人力资源的培训。据相关数据显示，哥伦比亚有 85% 接受培训的人已经完成中学以上正规教育，约 1/3 的人完成大学以上教育。[2] 哥斯达黎加的国家培训计划中大部分受训者已完成中等和大学教育。多米尼加共和国完成小学教育的工人中只有 28% 接受了培训，而完成大学教育的工人中的 85% 接受了培训。

---

[1]　Simon McGrath and Kenneth King, "Education and training for the informal sector", *Education Research Paper*, No. 11, 1994, p. 332（http://www.dfid.gov.uk/pubs/files/edtraininfedpaper11.pdf）.

[2]　"Lifelong learning and training policies in Latin America: Main findings and policy leads from the case studies", p. 19（http://www.docin.com/p-64819779.html）.

应该指出的是，20 世纪 90 年代以来，拉美各国还积极制订对教师进行培训的远程教育计划。如 1996 年墨西哥的"学校网络计划"、1991 年智利的 Enlaces 计划以及 1996 年巴西的电视学校计划、全国教育信息技术计划和在职教师培训计划等。

巴西的教师培训计划是为了帮助教师达到《1996 年教育法》[①] 规定的最低教学资格标准，对他们进行高等教育培训，尤其关注对北部和东北部各州教师专业化方面的培训，效果显著，如 1996—2002 年，北部各州不合格教师的比例从 60% 下降到 10% 左右。[②]

四　拉美各国的优势人才计划、留学生归国计划和人才吸引政策

（一）拉美根据国家优势来发展比较优势人才的计划

智利 2008 年提出的雄心勃勃的国外奖学金计划

---

① 巴西《1996 年教育法》规定所有教师必须在 2007 年以前获得教师资格证后才能上岗教学。

② Gordon Nora and Emiliana Vegas, "Education Finance Equalization, Spending, Teacher Quality, and Student Outcomes: The Case of Brazil's Fundef." In Emiliana Vegased, *Incentives to Improve Teaching: Lessons from Latin America*, Washington DC: World Bank, 2005.

（BCP，全称是"智利国外高级人力资本培训二百周年基金"）或 BECAS 计划，是为了满足国家优先发展领域的需求而对高级人才进行培训和引进的。这些优先领域是由智利国家提高竞争力创新委员会（CNIC）界定的，包括矿产、水产、食品工业、旅游业和全球服务业等工业群，能源、环境、ICT 和生物技术，以及教育、健康、住房、公共安全和公共政策等社会领域。目前 BCP 授予的奖学金中约一半是与国家优先发展领域紧密相联系的。关于博士和博士后等研究生奖学金的申请，BCP 规定，申请者需保证所提出的学习和研究项目与国家优先领域有关，这样有助于智利培养和吸引重要经济部门发展所需的高级人力资本。类似的计划还有：阿根廷 FONCyT 的人力资源计划（PRH），是为优先技术领域培训博士生的资助计划；乌拉圭的畜牧业、农业和农工业（Agro - Industry）科学技术发展计划框架中的研究生计划，着重培养具有农业科学和技术能力的人才。

近年来，巴西则优先重视对生物技术人才的培养。如 2003 年巴西政府和联合大学共同创建了"东北生物技术网络"（Renorbio），鼓励东北部生物技术研究和人力资源开发。2006 年，"东北生物技术网络"又增加了一项生物技术

领域的研究生培训计划，该计划为巴西东北部 10 个州的 29
所大学的生物专业的研究生培养计划提供特殊资助，使许多
以前无力提供博士项目的大学获得了教育和研究经费。另
外，从对各知识领域的资助情况也可以看出巴西对生物技术
人才发展的重视。如 2003 年巴西两个最大的资助部门——
全国科学和技术发展委员会（CNPq）和圣保罗州研究基金
会（FAPESP）一共支出约 2.3 亿美元的奖学金，其中 9100
万美元用来资助生命科学领域的学生。CNPq 对生命科学研
究人员培训的支出从 1998 年的 38.7% 增加到 2003 年的
40.8%，生命科学资助中，生物学和农业科学分别获得总资
助额的 18.3% 和 14.4%，如表 2-3 所示：

表 2-3　　　　　　　CNPq 资助研究人员培训和奖学金的情况

（主要知识领域的分配比例：1999—2003 年）

知识领域	比重（%）				
	1999	2000	2001	2002	2003
精密科学和工程学	39.2	40	41.5	39.9	38.5
生命科学	38.7	39	38.1	38.8	40.8
农业科学	13.9	13	13.2	14.3	14.4

资料来源：MCT/CNPq, 2004（http://www.mct.gov.br/）。

FAPESP 对高级人力资本开发的资助中，生命科学也占最大比例，高达 43.29%，见表 2 - 4：

表 2 - 4　FAPESP 资助的奖学金（主要知识领域的分配比例：2003 年）

知识领域	比重（%）
生命科学	43.29
建筑和城市建设	0.78
天文学和空间科学	0.84
工程	17.34
物理学	8.70
地球科学	2.58
数学	3.57
化学	9.42

资料来源：FAPESP, 2004（http：//www. fapesp. br/），see, José Maria F. J da Silveira, Izaías de Carvalho Borges, *An Overview of the Current State of Agricultural Biotechnology in Brazil*, Campinas, April of 2005, p. 15.

（二）留学生归国和吸引国际人才的计划

20 世纪 90 年代以来，拉美各国纷纷出台一系列鼓励国外高级人才归国的计划,[①] 如 1995 年哥伦比亚国家科学技术委员会建立了 4 个高级"优秀人才中心",还实行了 COLFUTURO 计划,为在国外攻读研究生学位的学生提供贷款,并对归国学生免除部分还款;阿根廷科技委则实施了两个吸引阿根廷科学家回国工作的项目——"根计划"(Raíces,2008 年制订) 和"学者重返阿根廷项目"(Becas de Reinserción);乌拉圭 2007 年由 18.172 号法的第 304 条条款创立的国家奖学金制度(SNB) 为归国的研究生和科学家提供优惠待遇;2001 年巴西促进博士资格人员归国计划(PROFIX),为获得博士学位的研究人员回国提供优惠等。[②] 又如巴西的"科学无边疆计划",该计划先以资助的形式支持一些优秀的本科生和研究生到欧美国家学习,然后采取大学扩招的方式,或通过提供一种称为"新博士计划"的奖学金等方式,把

---

① 目前为止对这些计划尚缺乏评估。萨鲁等学者批评拉美所谓的归国计划,制订得多,执行得少,宣传得多,评估得少。See, Zarur, X., "Regional integrationand internationalizationof Higher Education in Latin America and the Caribbean", In Gazzola A. and Didriksson A. eds., *Trends in Higher Education in Latin America and the Caribbean*, 2008, pp. 173 – 232 (http://www. iesalc. unesco. org. ve/dmdocuments/biblioteca/libros/tendencias_ ingles_ Versi% C3% B3n_ completa. pdf)。

② "CNPq. Relatorio de atividades", 2002 (http://www. cnpq. br).

滞留在欧美的巴西本土出生的博士毕业生吸引回国。同时，国家以资助的形式，支持职业技术学校的学生和教师到欧美国家相应学校从事短期进修，等等。智利国外奖学金计划（BCP）则对于奖学金获得者规定了严格的归国条件。奖学金获得者毕业之后可以在规定的时间内暂居国外，但规定的时间只能是他们接受奖学金年份的一半，如果他们想延长移居时间，就必须偿还奖学金。

对于那些不能回国的高技能人才，拉美国家实施所谓的"技能回流"（circulation of skills）政策，即人可以在国外，但通过远程控制使在国外的人才为本国建设服务，组成侨居国外的专家团（diaspora）。近年来，阿根廷、智利、哥伦比亚、萨尔瓦多、墨西哥、秘鲁、乌拉圭和委内瑞拉都实行了类似的计划。

除了对本国人才实行保留政策和吸引留学生归国计划外，拉美各国还积极制订吸引国外人才的计划。早在20世纪六七十年代，玻利维亚、洪都拉斯、巴拉圭和阿根廷四国实行了新的移民法激励选择性移民。如1976年玻利维亚《移民法》推行了三个基本制度：自发移民、定向移民和选择性移民（selective immigration）。其中后者专门负责聘请专家、技术人员和熟练劳动力的移入。

进入 21 世纪以来，拉美各国更积极制订相关计划吸引国外人才。如乌拉圭的国外研究人员任用计划（UDELAR）和巴西的"海外客座教授计划"（PVE）等。

2005 年由智利基金会创建的"创新人才网络"（ChileGlobal），利用移居国外的智利人和外国人为智利本土的创新和高级人力资本的培训服务，发展现代人才。这一高级网络中大约有 400 名已注册的有影响力的智利人，他们分别居住在美国、加拿大、墨西哥、巴西、阿根廷、澳大利亚、中国、西班牙、瑞典和英格兰。ChileGlobal 网络设计和资助那些为智利生产和服务部门引进创新的商业计划，促进网络成员与智利学术机构和公私部门的同行之间建立联系，推进人力资本开发，推动智利国内外的技术和知识转让。① 同一年，墨西哥也创立了"墨西哥人才网络"（Red de Talentos Mexicanos）。人才网络也试图将墨西哥移居国外的高端人才资源充分利用起来，推动墨西哥和它居住在国外的高端专业人员之间的联系，促进墨西哥的知识创新，网络还组成各种以专业为基础的分会，如硅谷分会

---

① Molly Pollack，"ChileGlobal — Talent Network for Innovation，"*Diaspora Matters*，May 12，2011（http：//diasporamatters. com/chileglobal – % E2% 80% 93 – talent – network – for – innovation/2011/）.

（Silicon Valley chapter）主要关注信息技术，而休斯敦分会（Houston）专门负责生物技术、健康和能源领域。①

五　拉美人才发展存在的问题

从数据上来看，拉美各国半个多世纪的人才发展取得了一定成效，尤其是第三等教育入学率增长较快。20世纪中叶拉美地区高校学生约有40万，而21世纪初达到近1000万。21世纪的头十年，拉美部分国家第三等教育入学率的增长速度明显加快，如阿根廷2000年第三等教育入学率为53.1%，到2009年增长为71.2%；智利则从2000年的37.3%增长到2010年的66.1%；哥伦比亚从2000年的24%增加到2011年的42.9%；古巴在2000—2011年间更是从22.1%飙升到80.4%。②

而且，拉美大多数国家，尤其是一些大国和发展程

①　IME and United States – Mexico Foundation for Science（FUMEC），*Mexican Talent Network*：*The Institutional Perspective of Mexico*（Mexico City：IME and FUMEC，n. d. ）（www. redtalentos. gob. mx/images/docsrt/rtmingles. pdf）.

②　Alicia Bárcena，Antonio Prado，Luis Beccaria，Ricardo Pérez，*Statistical Yearbook for Latin America and the Caribbean*，2012，Economic Comission for Latin America and the Caribbean，Santiago：United Nations publication，December 2012，p. 53.

度较高的中等国家受过高等教育的人口失业率也最低
（见表2-5）。

表2-5   拉美几国的城市公开失业率

（根据受教育年限，2011年的平均百分比）   （单位:%）

国家	受教育年限				
	总失业率	0—5年	6—9年	10—12年	13年以上
阿根廷	7.2	9.3	7.7	8.1	5.5
巴西	7.4	5.9	9.9	8.3	4.3
智利	7.8	6.3	8.1	9.0	6.2
哥斯达黎加	7.7	8.9	8.8	8.8	4.9
墨西哥	6.3	6.3	6.7	6.3	5.6
乌拉圭	6.3	5.5	7.5	6.6	4.2

资料来源：作者根据 Alicia Bárcena, Antonio Prado, Luis Beccaria, Ricardo Pérez, Statistical Yearbook for Latin America and the Caribbean, 2012, Economic Comission for Latin America and the Caribbean, Santiago, Chile, United Nations publication, December 2012, p. 48 自制。

　　由于缺乏更为详细的数据，很难确定或评价具体的拉美人才培养战略的成效，但综合拉美人才发展的政策和现状可以看出，拉美人才发展缺乏战略性思维和系统性建设，致使拉美人才总体国际竞争力不足，已经启动的人才工程长期在低水平徘徊，人才发展状况面临很多问题。主要有：

（一）科技和人才政策缺乏连贯性和稳定性，政策执行力弱，官僚主义严重，法律程序复杂等，致使拉美人才总体国际竞争力不足，已经启动的人才工程长期处于低水平徘徊阶段

人才的发展与技术基础设施的加强是增加国家竞争力的左膀右臂，缺一不可，而且两者互为补充。拉美最早的人才发展政策主要囊括在科技发展政策中。20 世纪 50 年代，巴西、阿根廷、墨西哥和智利等拉美国家已经建立起比较雄厚的科学技术基础设施，创立了一系列科学技术研究和开发机构，培养了一批高级研究人员。但 20 世纪 80 年代的债务危机和随之而来的新自由主义改革，使拉美国家接受了《华盛顿共识》中关于科学和技术政策边缘化的建议，从 20 世纪 90 年代开始，拉美政府纷纷冻结一些大型政府研究与开发计划，关闭国有企业的研究与开发中心，大规模缩减联邦科学技术预算（巴西 1991—1992 年的预算甚至几乎为零），直接造成许多研究机构中最好的研究人员的流失。拉美国家几十年积累起来的科学技术能力和高端人才储备在短短几年内几乎化为乌有。阿根廷物理学家、拉丁美洲科学和技术政策研究的先驱者豪尔赫·萨瓦托（Jorge Sábato）曾一针见血地指出："（拉美国家）

努力花费 15 年的时间建立起来的世界一流的研究设备，只要 2 年的时间就会毁坏殆尽。"① 有学者甚至称拉美国家科技发展政策的这种摇摆、反复、不稳定和不确定性为拉美政策很难逾越的 "西西弗情节"②。

而且，拉美各国政策的制定和执行程序非常复杂和琐碎，因此即使政策得以出台，也很难切实推行。如，1984 年墨西哥提出了一个关于创新的 PRONAFICE 计划，此计划涉及 33 条法律，66 条法令，76 种政策手段，175 条总统决议和274 条规章，③ 要顺利执行这牵一发而动全身的计划几乎是不可能的，因此 20 世纪 80 年代末这一计划便被终止了。

（二）区域、经济、人口和知识等发展的不平衡对人才培养产生了阻碍作用

整体来看，拉美各国经济、人口和知识的发展主要

---

① Francisco Sagasti, *The Sisyphus Challenge：Knowledge，Innovation and the Human Condition in the* 21ˢᵗ *Century*, Edward Elgar Publishing Ltd. , 2005, p. 1.

② Francisco Sagasti, *The Sisyphus Challenge：Knowledge，Innovation and the Human Condition in the* 21ˢᵗ *Century*, Edward Elgar Publishing Ltd. , 2005.

③ Ludovico Alcorta and Wilson Peres, *Innovation Systems and Technological Specialization in Latin America and the Caribbean*, ECLAC/UNDP Regional Project RLA/88/039United Nations University/Institute for New Technologies, 1995, p. 20.

集中在大都市地区和经济发达地区。巴西最为明显，有
的学者指出，巴西国内存在两个不同的国家，一个是富
裕发达的东南部国家，一个是贫困落后的东北部国家。①
巴西的教育、经济和社会资源主要集中在南部和东南部
地区，尤其是圣保罗州，它是巴西最富有的地区。巴西
北部和东北部地区的情况则很不乐观，那里有 25%—
34% 的家庭需要社会救助，文盲率比东南部地区高 2—4
倍。② 北部只有 10 所公立大学，1 所私立大学，仅占全
国高校数量的 5%。③ 据 2003 年巴西学校普查显示，在
所有的职业教育课程中，有 86% 集中在东南部和南部地
区。④ 巴西的科学和创新也高度集中在圣保罗、里约热内
卢和米纳斯吉拉斯等东南部地区，那里集中了全国 50%
左右的大学生，约 34% 的孵化器，70% 以上的政府科学

---

① George Psacharopoulos, "Earnings and Education in Brazil: Evidence from The 1980 Census", The International Bank for Reconstruction and Development, The World Bank, Jun., 1987 （http://siteresources.worldbank.org/BRAZILINP-OREXTN/Resources/3817166 – 1185895645304/4044168 – 1186326902607/10pub_br41.pdf）.

② Kirsten Bound, *Brazil: the Natural Knowledge Economy*, Demos, London, UK, 2008, p. 51.

③ 网络资料（http://www.inep.gov.br）。

④ *Brazil: principles and general objectives of education*, updated version, world data on education, 6th edition, 2006 – 2007, p. 29.

技术开支，① 据巴西科技部统计，圣保罗州在 2004 年的科学技术开支占巴西政府科学技术总开支的 30%，是拉美第二大"研究与开发"（R&D）投资体。巴西东南部一个地区发表的科学论文数量就比智利、阿根廷和墨西哥全国的都多，甚至高于挪威、芬兰、新西兰、爱尔兰、瑞士和丹麦等欧盟国家的科学论文数量。仅巴西圣保罗大学发表的科学论文就占巴西总数的近 25%。②

（三）教育体系内部发展的不均衡，基础教育落后和后发无力限制了人才发展的可持续性

很明显，要有一个潜在的科学家和技术专家储备，初等教育和中等教育的数学和自然科学质量必须是高的。但是拉美的基础教育，尤其是中等教育质量堪忧。进入 21 世纪以来，拉美 25 岁以上的青年平均受教育年限是 5.9 年，而其他较富有的国家是 9.5 年。③

---

① Kirsten Bound, *Brazil: the natural knowledge economy*, Demos, London, UK, 2008, p. 52.

② Glanzel W., Leta J. and Thijs B., "Science in Brazil part 1: a macrolevel comparative study", *Scientometrics* 67, No. 1, 2006.

③ Guillermo A. Lemarchand, ed., "National Science, Technology and Innovation Systems in Latin America and the Caribbean", *Science Policy Studies and Documents in LAC*, Vol. 1, UNESCO 2010, p. 45.

　　近几年，虽然拉美国家基础教育入学率不断提高，但初等教育辍学率和留级率居高不下。拉美中学辍学率是世界上最高的。① 拉美的辍学现象主要集中在边远城市和农村地区。据联合国教科文组织《全球教育纲要》统计，2003 年巴西中学留级率高达 17%，阿根廷为 8%，墨西哥和智利为 2%，哥伦比亚和厄瓜多尔为 4%，秘鲁为 6%，委内瑞拉为 9%，乌拉圭有 12% 的学生留级，有 13% 的学生辍学。② 据世界银行统计，1995 年，巴西巴拉那州平均有 29% 的学生在中学第一年就辍学，只有 47% 的学生能完成中学教育，而且三年的课程平均需要 4.7 年才能完成，说明留级率也很高。中小学教育滞后，限制了高等教育的发展，使高等教育成为少数"精英阶层"的特权，如巴西 18—24 岁的年轻人中只有 9.8% 的人能够接受高等教育，③ 巴西只有 8% 的劳动力拥有大学文凭。而且，拉美大学的辍学率也比较高，如阿根廷仅大学

---

　　① 拉美辍学率居高不下的主要原因有：生活条件差，上学费用高，低收入，家长文化水平低，认为孩子上学没有前途等。

　　② *Global Education Digest*：*Comparing Education Statistics Across the World*，UNESCO Institute for Statistics，Montreal，Canada，2005，pp. 15，77，79（http：//www. uis. unesco. org/template/pdf/ged/2005/ged2005_ en. pdf）.

　　③ Kirsten Bound，*Brazil*：*the natural knowledge economy*，Demos，London，UK，2008，p. 118.

一年级的辍学率就高达50%。在高等教育阶段，阿根廷只有25%的学生能坚持到毕业，而智利的毕业率也只有33%多一点。据联合国教科文组织统计，近几年，拉美地区每年因学生留级而增加的教育开支高达120亿美元。

另外，拉美教育仍存在城乡差别、收入差别和种族差别。城市的教育质量一般高于农村的。如智利高收入家庭的学生中有96%能够完成中等教育，而农村学生中只有52%能上中学。据统计，拉美最富裕阶级接受中等教育的机会比最底层阶级高4倍以上；居住在城市中的家庭子女完成中等教育的机会比农村地区的孩子高2倍。[①] 如巴西20%最富有家庭的学生占大学生总数的70%以上，而40%最贫穷家庭的学生仅占3%；墨西哥高校中的不平等现象也很显著，60%最不富裕家庭的学生仅占整个大学在校生的18%。

（四）师资力量比较薄弱，教学效率和质量低下

拉美各国严重缺乏高质量的师资力量。据世界银行

---

① Inés Dussel, *Curricular reform in Latin America: assessment and future prospects*, FLACSO/Argentina, UNESCO Regional Bureau of Education for Latin America and the Caribbean, May 11 – 13, 2006, p. 2 (http://www.unesco.cl/medios/biblioteca/documentos/study_ curricular_ management_ development_ latin_ american_ countries_ dussel. pdf).

研究结果显示，拉美地区仅有近67%的教师是正式教师，近34%的临时教师主要集中在农村或贫困地区。如玻利维亚有50%以上的教师是临时教师，秘鲁的临时教师也占教师总数的40%以上，巴西则有将近一半的教师只有中学文凭。[1] 这种情况在中等教育领域尤其严重。如阿根廷只有39%的中学教师拥有高等教育学历，巴拿马只有9%，秘鲁有近50%的中学教师是临时性的，[2] 乌拉圭只有31%的中学教师是正式的，首都蒙得维的亚的公立学校教师中只有46.9%拥有大学文凭，其他地区拥有大学文凭的公立学校教师的比例则只有25.4%。蒙得维的亚技术学校的教师中只有20.3%拥有大学文凭，其他地方技术学校中拥有大学文凭的教师比例则只有6.5%。[3] 高等教育领域的情况也大致如此。拉美公立高

① Benjamin Alvarez and Juliet Majmudar, *Teachers in Latin America：Who is preparing our children for the knowledge century?* The World Bank, April 2001, p. 8（http：//wbln0018. worldbank. org/lac/lacinfoclient. nsf/）.

② Laurence Wolff &Claudio de Moura Castro, *Secondary Education in Latin America and the Caribbean：The Challenge of Growth and Reform*, January 2000, pp. 11 - 12 （http：//idbdocs. iadb. org/wsdocs/getdocument. aspx？ docnum = 1481870）.

③ UNESCO - OREALC, BULLETIN 42, *The Major Project Of Education in Latin America and the Caribbean*, Santiago, Chile, April 1997, p. 4 （http：//unesdoc. unesco. org/images/0010/001092/109253e. pdf）.

等教育机构和私立高等教育机构中分别有 60% 和 86% 的教师是兼职的，许多人还拥有一份以上的工作，而且教师缺乏相应资格。据统计，拉美拥有博士学位的大学教授不多，如墨西哥和哥伦比亚教授中只有不到 4% 的人拥有博士学位，整个拉美地区拥有硕士学位的教授比例不到 26%。[①] 拉美普遍存在的教师兼职现象使拉美国家无法构建一个专家和研究人员群体，也无法创造一个有吸引力的师生互动的学习环境。

师资数量不足和低工资使教师选择教更多的学生或同时教授多种学科，中学按科目组织教学的方式也鼓励教师兼职，拉美的许多中学有大量的"出租"教师存在，这些人在两个或更多的学校上课，学校领导几乎无法管辖。如墨西哥的高中教师每周上 40—50 个小时的课，而且是在不同的学校教授不同的学生。这样，一个教师每周教授的学生达 700 多个，教学质量很难保证。教师和校领导之间常常为工资等问题发生争论并导致罢课，从而使学生无课可上。另外，拉美国家也缺乏一套决定每个教育层次之教育内容和教学质量的明确的评估

---

① Lauritz Holm – Nielsen and Kristian Thorn, *Benchmarking Higher Education in Latin America and the Caribbean*, 2003, p. 7.

标准。在高等教育领域，拉美大多数国家的大学领导是由教授、大学本科生和校友们选举产生，而且，大学获得教育经费的多少取决于学校招收的大学本科生数量，而不是研究生数量，因此拉美多数大学不太重视研究生计划，研究生培训相对是一个被忽视的领域。

（五）拉美地区尚未普遍建立以企业为主体的研发和创新体系，仍缺乏从研究型人才向应用型人才转化的机制和文化积淀

就整个知识结构来说，除了为数不多的几所大学以外（如巴西的圣保罗大学），拉美仍倾向于注重社会科学和人文学科的教育，忽视对自然科学和工程学等理工学科的教育，轻视工商业和技术教育。据统计，1990—2007 年，拉美约 64% 的毕业生从事与社会科学和人文科学有关的职业，16% 从事工程学和技术性质的职业，12% 从事医学职业，5% 从事精密和自然科学职业，只有2% 的人在农业科学领域工作，而韩国有 40% 的毕业生从事与工程学或精密和自然科学领域相关的职业。研究生教育的情况类似。拉美的硕士研究生中，社会科学和人文科学的比例占 64%，而且从 20 世纪 90 年代中期以来，比例提高的速度非常快，工程和技术专业学生的比例为13%，医学科学、精密和自然科学学生比例分别仅为9.7%和8%。博士教育的状况好一些，在学科分配上更加合理，据统计，1990—2007年，拉美博士生中社会科学和人文科学专业占37%，精密和自然科学博士生占22%，医学科学学生占16%，工程和技术专业学生占13%，农业科学占11%。[①] 如根据阿根廷科技部（MIN-CYT）的科学技术指标显示，2008年阿根廷只有6%—7%的论文是关于工程学、计算机和技术的。[②] 阿根廷的研究人员主要从事基础研究。经济较发达的智利也缺乏科学和工程学等"硬"技能（hard skills），知识发展集中在新闻和法律等"软"技能。巴西绝大多数大学生选择社会科学和人文学科专业，只有19%的大学生选择科学和工程专业，15岁以上的年轻人中有75%的人连基本的数学题都不会算。2003年，在对40个国家的调查中，巴西人的数学成绩倒数

---

① Guillermo A. Lemarchand, ed., "National Science, Technology and Innovation Systems in Latin America and the Caribbean", *Science Policy Studies and Documents in LAC*, Vol. 1, UNESCO, 2010, p. 46.

② Santiago Harriague, "Argentina: rethinking Science&Technology policies for Development", p. 18（http://www.ungs.edu.ar/globelics/wp – content/uploads/2011/12/ID – 397 – Harriague – Innovation – Policies. pdf）.

第一,科学成绩倒数第二,而 20 世纪六七十年代与巴西处于同等发展水平的韩国分别名列第 3 和第 4。[1] 拉美的全职研究人员数量也极为有限。2008 年,拉美全部研究人员还不到 1.5 万人,只占全球科学家总数的 3.5%,低于世界平均水平;科学出版物只占世界的 1.4%。[2]

拉美虽然有圣保罗大学等一批专门致力于科学研究的研究型大学,培养了大量优秀的研究型人才。[3] 但总体来说,拉美缺乏将研究型人才转变为应用型人才的机制。申请的专利数量很少,将知识转化为生产力的则更少。如 1990—2007 年间,拉美专利申请占世界专利的约 3%。拉美居民申请专利数占世界的比例更小,最多在 1.5% 上下。拉美地区在 USPTO 申请的专利只占韩国的 20%。2000 年,拉美科技最发达的巴西的专利数仅占世界专利

①　*Brazil*：*Knowledge and Innovation for Competitiveness*，Confidential Report No. 40011 – BR，June 19，2007，pp. 109 – 110.

②　Jahir Calvo，"The international mobility of the highly skilled and talented individuals：Perspectives from Latin America"（http：//www. guninetwork. org/resources/he – articles/the – international – mobility – of – the – highly – skilled – and – talented – individuals – perspectives – from – latin – america）.

③　如 2003 年圣保罗大学授予的博士学位是 2180 个,比美国三个顶级大学的总和还多,授予博士学位最多的美国加州大学伯克利分校仅 767 个,见菲利普·阿特巴赫,乔治·巴兰《世界一流大学:亚洲和拉美国家的实践》,上海交通大学出版社 2008 年版,第 152 页。

总数的 0.18%，瑞典的人口虽然比巴西少，但申请的专利数占 3.4%，是巴西的 19 倍，韩国是巴西的 9 倍以上。① 据世界知识产权组织的报告称，世界各国 2005 年共注册专利 60 万项左右，比 2004 年增长 6.6%。而巴西知识产权部门 2005 年一共收到 1.61 万份专利申请，注册专利 2439 项，注册专利数量比 2004 年减少 13.8%，而且注册专利中本土居民发明的专利数所占比例很低，仅为 10.2%，非本土居民发明的专利比重高达 89.8%。② 导致这一现象的原因主要有：巴西高端人才流失；长期依赖国外科学技术的发展模式；国家知识产权保护制度不完善；国家工业产权局专利评审人员不足，如巴西每年登记申请专利约为 2.2 万项，但只有一半得到受理；专利申请的漫长过程同样影响科技研究者申请专利的积极性；拉美普遍缺乏一种知识产权保护、注册和申请专利的文化等。圣保罗州研究基金会主席卡洛斯·沃格特曾将这一现象称为创新中的"文化障碍"（cultural block-

---

① *Brazil*：*Knowledge and Innovation for Competitiveness*，Confidential Report No. 40011 – BR，June 19，2007，p. 5.

② National Science Board，*Science and Engineering Indicators*，2012，p. 50.

age）。①

　　综上所述，拉美科技创新体系和教育制度中存在的种种弊端和不足，严重制约着拉美人才的经济和社会的相关性，以及人才发展的可持续性。

---

　　①　宋霞：《影响巴西竞争力的深层原因：国家创新体系的矛盾性和脆弱性》，《拉丁美洲研究》2008 年第 6 期。

"亚洲四小龙"的国际人才战略

金永花[①]

摘要： 本报告以"亚洲四小龙"为例，描述了四个经济体人才资源现状及国际流动状况，分析了"亚洲四小龙"的人才竞争战略，总结了这些国家和地区国际人才竞争战略的发展特点。"亚洲四小龙"都经历了从"人才流失"成功过渡到"人才回流"并进入积极"吸引外国人才"的阶段。因此，"亚洲四小龙"国际人才战略对中国从"人才流失"过渡到"人才回流"阶段具有启示和借鉴意义。

---

① 金永花：中国社会科学院亚太与全球战略院博士后，研究方向：亚太经济、人口经济、人才战略。

关键词："亚洲四小龙"；人才；流动；趋势

20世纪七八十年代，新加坡、韩国、中国台湾和中国香港特区的经济开始崛起，创造了跨越式发展的亚洲"四小龙"神话，并经历了持续的增长。1973—1997年，韩国、新加坡、中国香港地区的实际GDP分别增长了6.0倍、6.1倍、4.8倍，成功步入新兴工业化国家的行列。这种引人注目的增长既有内部原因，又有外部原因。出口导向型经济发展战略的选择使这些国家或地区在激烈的国际竞争中提高了生产率水平，取得经济的高速增长。同时，对于人口总量较小的"亚洲四小龙"而言，人才因素成为其经济快速、持续发展的关键力量。

在20世纪80年代，"亚洲四小龙"普遍进入了产业结构由资本密集型向技术密集型的转型升级时代，对人才的需求也由过去单一的体力劳动者向高新技术人才转变，这成为"亚洲四小龙"积极吸引海外高层次人才的基本动因。四小龙经济体由政府主导积极出台了人才政策，如韩国的"临时回归计划"、中国香港的"输入内地优才计划"等。同时，这些经济体还兴建科技载体，提高对海外人才的承接能力。通过一系列的努力，四小龙成功

吸引了大规模海外人才，从"人才流失"成功过渡到
"人才回流"并进入了积极"吸引外国人才"的阶段。

一　"亚洲四小龙"人才资源状况

（一）"亚洲四小龙"对国际人才的界定

人才是指具有一定的专业知识或专门技能，进行创造性劳动并对社会作出贡献的人，是人力资源中能力和素质较高的劳动者。[①] 任何一个国家或地区对人才的界定都有符合自身的标准和要求。各国或地区根据该地区产业发展和人才需求状况，制定高层次专业人才界定标准，并结合实际情况适时调整。传统的人才界定方法是学历加职称，而目前对人才的界定更加具体、细致。通常国际化人才界定包括专业能力、语言能力、国际活动能力等因素[②]（如图 3 – 1）。

---

① 潘晨光主编：《中国人才发展报告 2012》，社会科学文献出版社 2012 年版，第 83 页。

② 本文所指的"国际人才"，是指具有一定专业能力、语言能力、国际活动能力等基本能力的，被四小龙国家或地区引进的海外人才，包括"顶尖人才""专业人才""技能人才"以及留学生等。同时，也包括四小龙本地区培养的具有国际人才素质的人才，主要列举了研发人才等。

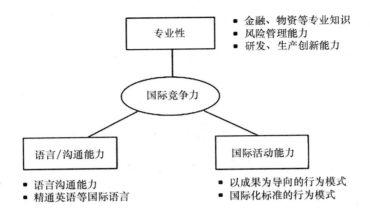

图 3 - 1　国际人才具备的基本能力

　　不同的社会经济发展阶段，对不同层次、不同学科人才的需求是不同的，因而对人才的界定也有所不同。"亚洲四小龙"在 20 世纪，普遍经历了产业结构由劳动密集型向资本密集型、技术密集型的转型升级。因而对人才需求的结构也发生了巨大的变化，标准逐渐上移。具有较高文化程度、懂得复杂机器操作、具有一定创新能力的人员被界定为人才，并为各国争相引进。

　　中国香港规定，引进海外人才需具备香港所需而又缺乏的特别技能、知识或经验，或能够对香港经济作出重大贡献，便被界定为需引进的海外人才。前提是申请人须已获得聘用，且薪酬福利要不低于香港的市值工资。

　　新加坡对海外人才的需求及界定也随经济的发展发

生着变化。1997年新加坡强调顶尖人才、专业人士、科技工人等人才能够对新加坡经济作出贡献。这三类人才包括科学家、学者、公司总裁、艺术家；工程师、教师、会计等；技工、巴士司机等。到了2007年，新加坡政府更希望引进私人银行业、金融等服务行业、生物科技和教育领域的受过高等教育的人才。

韩国对需要引进的海外人才的界定，以韩国总统直属的国家竞争力强化委员会制定的标准为主。该委员会提出的海外人才主要包括：在韩国投资200万美元以上或雇用5名以上韩国人的海外人才；学历达到博士学位以上并有一定收入的海外人才；在经营、教育、文化、艺术、体育领域有突出贡献的海外人才，等等。另外，韩国科学与工程基金会对引进的海外人才的界定是：具有韩国血统的科学技术人员、在国外取得博士学位并至少有两年的工作经验的人员、过去5年内至少在专业杂志上发表过5篇以上专业论文的人员。

中国台湾对引进海外人才的界定为：特殊技术或科技机构的科技研发人员；急需或短期内不易发展的行业人才；在科学、研究、工业及商业等方面具有特殊能力的人才；现任或曾任职于大学、研究机构并有相关成果的人才；在产业技术领域具有杰出成就且获国际认可的人才；在运动领域具有杰出成就的人才，等等。①

（二）"亚洲四小龙"人才资源概况

1. "亚洲四小龙"人才总体竞争力分析

根据全球竞争力报告，"亚洲四小龙"的人才竞争力排名均位居前列。《2010 年全球竞争力报告》统计数据显示，以"人才立国、人才治国"为国家战略的新加坡世界竞争力位居第一位；中国台湾地区在 139 个评比经济体中排名第 13 位。该报告还显示，在"创新与成熟度因素"排名中中国台湾位居第 7 位，在"科学家工程师人才"评比中列第 8 位；新加坡在波士顿咨询公司的"全球国家创新能力排名（2009 年）"中超越美国名列世界第一。另外，在瑞士国际管理学院（IMD）发表的"2011 年世界竞争力报告"教育竞争力排名中，新加坡位于第 10 位，韩国位列第 29 位，中国台湾和中国香港分别位于第 25 位和第 26 位。而美国《福布斯》杂志每年公布的税赋指数排名（直接关联资本和人才吸引度），

---

① 王辉耀：《移民潮》，中信出版社 2013 年版，第 153—163 页。

中国香港多年位居亚洲第一、全球第三。[①] 根据以上世界竞争力报告排名分析，在以人才立国的全球竞争力方面，新加坡始终位于世界前列，中国香港和中国台湾位列亚洲前茅，韩国紧随其后。

2. "亚洲四小龙"人才培养现状

根据韩国教育部统计，2007 年，韩国四年制大学以及高等职业学院共 408 所。2012 年培养博士毕业生人数为 12243 人。分布情况是工学领域 3050 人，自然科学领域 2242 人，人文社会科学领域 3361 人，教育领域 703 人，医学领域 2149 人，艺术体育领域 738 人等。[②] 中国台湾共有 120 所大学，28 所学院和 14 所专科学校。2012 年，共培养 103.8 万名学士毕业生、18.3 万名硕士毕业生以及 3.3 万名博士毕业生。博士生中，66.31% 的学生专业为科技领域，人文社会学专业所占比重为 33.69%。[③] 中国香港共有 17 所可颁授学位的高等教育院校，而新加坡有 3 所大学和 4 所高等职业学院以及 16 所

---

① 黄立金：《引进人才：香港的政策与实践》，国际人才交流 2011 年 2 月。

② 韩国教育开发院：《教育统计年报》（http：//www.kedi.re.kr/）。

③ 中国台湾省教育统计处（http：//www.edu.tw）。

世界顶级学院的分校，最近宣布将增加两所大学，而且每年将增添 3000 个教育招生名额。

3. "亚洲四小龙"科技研发人员现状

随着科技的不断发展，各国注重科学技术对经济发展的带动，四小龙科技人才的国际化有力地支援了他们的经济发展。而科学家与工程师人才队伍的数量和质量能够满足科技发展和经济发展的需要。

研发人才资源是指直接从事研发活动的人员和为其提供服务的人员，包括研究人员、技术人员和其他支持性服务人员，它是衡量国家或地区科技实力的重要指标。"亚洲四小龙"竞争力高居亚洲乃至世界前列，与其科技的快速发展是分不开的。近年来"亚洲四小龙"的研发人才资源数量在不断增加，研发科学家和工程师的人数相对规模已达到了较高的水平。新加坡和中国香港因人口规模较少，研发人员数量较少，而韩国和中国台湾研发人员数量相对较多。如表 3 - 1 所示，2005—2010 年，四小龙研发人员数量都有大幅度的增长，新加坡、韩国、中国台湾、中国香港分别增长了 30.7%、47.4%、42.2%、9.1%。

表 3 - 1　　　　　　　"亚洲四小龙"研发人员总量　　　　（单位：人）

	2005 年	2006 年	2007 年	2008 年	2009 年	2010 年
新加坡	27969	29478	31657	33365	34387	36561
韩国	234702	256598	289098	300050	323175	345912
中国台湾	115954	126168	135918	143862	154818	164874
中国香港	22054	22977	23644	22005	23281	24060

　　资料来源：新加坡、韩国、中国台湾数据来源于 OECD Main Science and Technology Indica-tors 2012/1 edition；中国香港数据来源于香港特别行政区政府统计处，香港统计年刊 2012 年。

　　从研发人员的部门分配比重来看，如图 3 - 2 所示，四小龙工商机构的研发人员比重最高，其次是高等教育机构，最后是政府部门。在韩国，工商机构研发人员所占比重占绝对优势，超过了 70%，研究开发主要以企业为主，高等院校和研究机构为次，与发达国家格局类似。

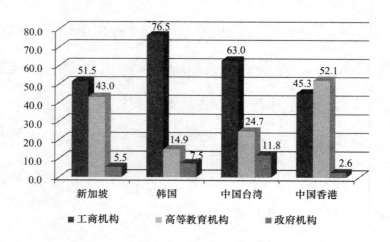

图 3 - 2　四小龙研发人员部门分配情况（%）

　　20 世纪 80 年代，韩国研究开发科学家与工程师主要集中于高等院校系统，而到了 20 世纪 90 年代，企业部门的研究开发人员逐渐增多，所占比重超过了 50%，研发人员分布格局从相对集中于高等院校转变为集中于工商部门。新加坡和中国香港研发人员从以企业机构为主，开始逐渐转向高等院校。而中国台湾和韩国高等教育机构的研发人员比重明显低于其他经济体，不足 30%，甚至低至 20%。（如表 3 - 2）

表 3 - 2　　　"亚洲四小龙"研发人员在各部门中所占比重　　　（单位:%）

		2005 年	2006 年	2007 年	2008 年	2009 年	2010 年
新加坡	工商机构	59.8	59.5	59.4	59.7	53.3	51.5
	高等教育机构	34.4	34.7	34.8	34.3	40.7	43.0
	政府机构	5.7	5.8	5.8	6.1	6.0	5.5
韩国	工商机构	76.6	77.8	74.9	77.5	75.7	76.5
	高等教育机构	15.2	14.2	16.9	14.7	15.6	14.9
	政府机构	7.1	7.0	7.1	6.6	7.5	7.5
中国台湾	工商机构	57.6	59.0	60.2	61.6	61.7	63.0
	高等教育机构	26.1	25.8	25.4	25.2	25.8	24.7
	政府机构	15.5	14.6	13.8	12.6	12.1	11.8
中国香港	工商机构	55.2	55.2	53.6	46.6	45.0	45.3
	高等教育机构	43.1	42.9	44.4	51.0	52.2	52.1
	政府机构	1.7	1.9	2.0	2.3	2.8	2.6

　　资料来源：新加坡、韩国、中国台湾数据来源于 OECD Main Science and Technology Indicators 2012/1 edition；中国香港数据来源于香港特别行政区政府统计处，香港统计年刊 2012 年。

（三）"亚洲四小龙"人才流动与国际化现状

随着知识经济时代的到来，人才作为知识的载体成为经济增长最重要的推动力。同时人才作为重要生产要素和资源，国际流动已经成为一种普遍的现象。20 世纪 90 年代以来，由于亚洲新兴市场国家和地区的经济崛起使得人才循环现象出现。新加坡、韩国和中国台湾及香港地区都开始出现明显的"人才外流"和"人才流入"并存的趋势。

"亚洲四小龙"均采取措施鼓励并吸引海外高级人才，促进了人才的国际流动。"亚洲四小龙"鼓励高级人才回归以及积极出台政策吸引外国人才入境工作，使海归及境外高层人才流入数量逐渐增多。如表 3 所示，2009—2011 年，香港特区签发的永久性居民身份证数量一直保持在 38 万以上；各种人才计划所签发的签证数量也呈现上升趋势。尤其是"一般就业政策"引进人员占当年引进总人数的比重很大，都超过了 80%，其中管理及相关专业技术人员占一半以上。另外，内地人才赴港就职以及内地留学生赴港人员占吸引人才总量的较大比重。而引进人才比较集中的行业，主要是香港经济最具活力和发展潜力的支柱产业或新兴产业。

表 3-3	已签发的香港身份证及签证数量		（单位：人）
签证资格	2009 年	2010 年	2011 年
永久性居民身份证	382301	391923	385541
一般就业政策	20988	26881	30557
输入内地人才计划	6514	7445	8088
资本投资者入境计划	2606	2971	4187
优秀人才入境计划	593	329	286
非本地毕业生留港/回港	3367	3976	5258
留学签证（内地居民）	8650	10129	12913
留学签证（非内地居民）	5823	6532	7401

资料来源：香港特别行政区 政府入境事务处（http：//www. immd. gov. hk/tc/press/）。

新加坡的外籍人才占新加坡总人口的 1/4，而外籍人才对新加坡 GDP 的增长，有 40% 左右的贡献度。[1] 根据数据显示，新加坡信息与通信专业技术人员中，30% 来自国外，高等院校中近 40% 的教授和讲师为外国人。如表 3-4 所示，2011 年，新加坡研发人员中，外籍人才（注册工程师）占 26.4%，其中具有博士、硕士学位的

---

① 《新加坡：为全球人才敞开大门》，陕西党校报，2013 年 9 月 30 日第四版（http：//www. shxdx. com/dxb/newspaper/1142/4ban/03. html）。

人才所占比重分别为 39.9%、24.1%。高等教育机构中外籍人才所占比重最高，为 42.9%；其次为研究机构和私营部门，分别为 23.4%、22.3%。同时，具有博士学位的外籍人才相对硕士和学士学位的人才所占比重要高。尤其是高等教育机构博士研发外籍人才占博士总量的 47.1%，接近一半。

表 3-4　　　　　　2011 年新加坡研发人员中外籍人员所占比重　　　（单位:%）

类别	私营部门	政府机构	高等教育机构	研究机构	总计
注册工程师	22.3	9.1	42.9	23.4	26.4
博士	33.0	21.8	47.1	35.8	39.9
硕士	22.6	6.3	42.8	7.9	24.1
学士	20.8	5.2	33.8	5.8	20.3

资料来源：National Survey of R & D in Singapore 2011，根据各部门外籍人员数量计算得出比重，Agency for Science，Technology and Research Singapore。

出国留学是国际迁移的一种重要形式，构成"人才外流"的主要组成部分。同时，吸引外国留学生也成为各国及地区招揽海外人才的重要方式。2006—2012 年，中国台湾吸引的国际留学生和大陆学生逐年增多，总量从 2006 年的 26488 人增长至 57166 人，增长了一倍多（见表 3-5）。

表 3 - 5　　　　　　　　中国台湾出国留学及境外留学生现状　　　　　（单位：人）

类别	2006—2007 学年	2007—2008 学年	2008—2009 学年
台湾境外留学生	26488	30150	33065
国际留学生	24511	27738	30067
大陆学生	1977	2412	2998
台湾出国留学人员	37171	34991	37800
类别	2009—2010 学年	2010—2011 学年	2011—2012 学年
台湾境外留学生	39042	44776	57166
国际留学生	34285	37177	41885
大陆学生	4757	7599	15281
台湾出国留学人员	33629	33881	32346

资料来源：中国台湾省教育统计处（http://www.edu.tw）。

另外，如图 3 - 3 所示，2006 年，中国台湾接收的境外留学生少于台湾地区出国留学人员数量，而进入 2009 年之后，境外留学生数量增多，超过了台湾地区出国留学人员总量；2012 年，境外留学生数量是出国留学人员总量的 1.77 倍。

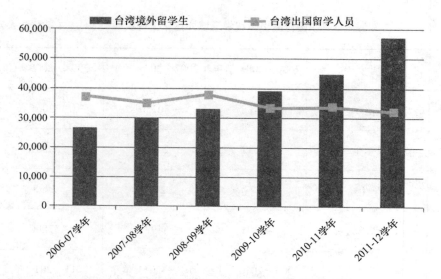

图 3 - 3   中国台湾出国留学及境外留学生总量比较

资料来源：中国台湾省教育统计处（http：//www. edu. tw）。

　　根据韩国教育科学技术部统计，近年来，韩国出国留学人员以及韩国的外国留学生数量都有迅猛的发展。2003—2009 年，韩国出国留学人员总量增长了 47%，其中大学就读比例增长了 72.2%。同一时期，在韩的外国留学生数量由 2003 年的 7981 人，增长至 2009 年的 50591 人，增长了 533.9%。[①] 另外，根据韩国教育开发院统计，各教育阶段留学生的回归率也有所增长。如图 3 - 4 所示，2004—2010 年韩国高中生及大学生出国留学

---

　　① 韩国教育科学技术部：《国内外留学生流出流入现状》2009 年 11 月（http：//www. mest. go. kr）。

人员总量曲线呈现"上升—平稳—下降"的过程；留学回归人员数量曲线呈现波动性的上升趋势，2009年全球金融危机导致回归人员数量减少。

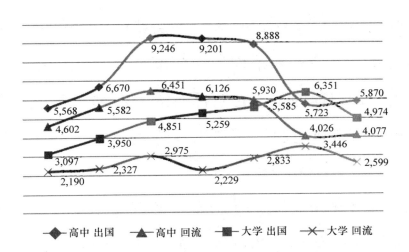

图3-4　2004—2010年各阶段出国留学及回流人员曲线

资料来源：韩国教育开发院，教育统计DB。

（四）"亚洲四小龙"人才资源存在的问题

目前，"亚洲四小龙"将人才资源作为重要资源，积极培养及引进人才，也取得了一定成绩，但仍存在人才结构失衡以及人才流失现象严重等问题。

1. 人才引进具有偏向性，导致人才结构失衡。"亚洲四小龙"在人才引进的领域方面注重强势行业或高学历人才的引进，导致人才结构不平衡。例如中国香港特区在金融业、电讯业、商业服务业、房地产开发及经营、司法服务等若干强势行业人才引进较多，并拥有大量的相关人才，但是在高科技、体育以及文化艺术等领域，人才明显不足。虽然近年来，香港特区较重视引进多元化的人才，但是人才结构失衡问题依然存在，并亟须改变。中国台湾地区也存在食品营养、农林科学等方面人才过剩，但资讯电机、材料工程等领域人才严重不足等现象。

2. 人才供求失调，学历及年龄分布不均衡。"亚洲四小龙"人才年龄结构存在"两头小，中间大，年轻人群体比重小"的现象。根据韩国国家科学技术人力综合信息系统统计显示，2009 年，在大学和研究机构的韩国科学技术人员中 40—49 岁人员占比最大，分别为 29%、35.6%；30—39 岁年龄层科技人员占比分别为 25.3%、25.1%，30 岁以下人员比重较低。另外，从学历分布来看，中国台湾地区出现本科生过剩，研究生严重不足现象。学士学历的理、工、医、农领域毕业人数超过需求人数。而数学统计、工业工程、材料工程等领域的硕士博士人才呈现"供不应求"现象。运输航运、纺织工程、海洋渔业等领域研究生则已饱和。

3. 引进人才增多，但人才外流现象仍然存在。世界发展成"地球村"，各国或地区以重金挖掘顶尖人才。面对发达国家或新兴发达经济体的人才争夺，"亚洲四小龙"的人才外流问题依然严重。中国台湾地区吸引了许多"海归"优秀人士，但仍有许多本土人才流向海外。台湾2000多万人口中，顶级精英人群为200多万人，占人口总量的10%左右，而近年来，已有50多万精英走出台湾。根据台湾人才调查报告显示，原因在于台湾地区对国际人才的闭关政策和人均薪资下降等。新加坡也存在人才外流的问题，由于许多新加坡人希望在顶尖企业中工作，因此仍有许多新加坡人才到海外工作。虽然新加坡鼓励引进海外人才，以达到互补互利的正面效果，但本土人才外流对于资源有限的新加坡而言，仍是较大的损失。

二　"亚洲四小龙"的国际人才战略

人才战略是为实现经济和社会发展目标，把人才作为一种战略资源，对人才培养、吸引和使用做出的重大的、宏观的、全局性构想与安排。而国际人才战略的核心是培养、吸引、使用、发掘的人才必须与国际接轨，严格按照参与国际竞争的标准来培养并吸引、使用和发掘人才。国际人才战略包括与国际接轨的人才资本投资优先战略、人才开发战略、人才价值实现战略、人才结构调整战略等。

"亚洲四小龙"为实现经济和社会发展目标，积极树立人才国际化观念、人才竞争的"零距离"观念，加大人才培养、开发力度，迅速提高人才资源配置的市场化程度，建立健全人才的吸引、使用、培养、开发的科学机制。

（一）新加坡人才战略及主要特点

1965 年至今，新加坡从一个资源贫瘠、经济落后的小国成为人均 GDP 高达 4 万美元的新兴发达经济体。究其原因，主要在于新加坡始终将人力资源的开发和利用作为其经济发展战略的重要内容，实现了人力资源战略与经济转型要求的相互契合。人力资源是新加坡的竞争优势之一，人才资源的重要性也被提到前所未有的高度。新加坡坚持不懈地强调"人力资源是新加坡的唯一资源" "吸引外国人才，关系到新加坡生死存亡"。如今新加坡已从昔日的"东南亚人才集散地"转变为"人才聚集的全球性城市"，吸引全球人才也成为新加坡可持续发展的主要支柱。新加坡政府的人才战略具有一定的时代特征，同时也具有一定的规律性和特殊性。

1. 强化"人才优先"的国家意识，将"人才立国"作为基本国策。人才战略是新加坡经济发展战略中至关重要的一环。自新加坡建国以来，从李光耀、吴作栋到李显龙，领导人都在战略层面上树立了"人才优先"的国家意识，认为只有人才是新加坡唯一可以依仗与开发的资源。新加坡历任领导人都强调"治国的成功之道就是栽培优秀的人才，以及招募更多的人才，以提高政府素质和生活素质"，并努力将"开发人才，尊重人才，依靠人才"的思想体现在其治国策略中。因此，以人才为本的兴国理念和政府最高领导层直接推动是新加坡独特成功模式的重要因素之一。新加坡政府把"人才立国"作为一项基本国策，并作为人才战略的主体和行动计划的推动者，构建起振兴经济与人才战略协调的"生态系统"。在经济转型背景下，在人才培养、引进、服务等各个方面，新加坡政府都形成了规范的法律制度。制度保证不仅包括教育规划、教育基础设施的提供、移民法，还具体到对人才的工资待遇、工作条件、考评制度以及人才退出机制，等等。目前，新加坡已形成了"精英教育—重金揽才—筑巢引凤"的人才体系，为新加坡经济可持续发展提供了坚强的人才保证和智力支持。政府提供政策优惠和指导原则，通过一整套相应的制度和措施，培养并吸引人才，但并不包办一切，而是将政府政策与市场机制有效结合起来。例如"联系新加坡"作为新加坡经济发展局和人力部共同成立的国家公司，在许多国家设立办事处以吸引国际人才。同时，还与私营企业合作，提供有关新加坡就业机会及行业发展信息，帮助有意到新加坡投资的人士。

2. 努力打造精英教育，重视人力资源的开发。新加坡推行"精英治国"，非常珍视人才并努力提高人才队伍的素质。李光耀曾指出："国民素质是最值得重视的。一个成功的社会必须有受过良好教育、终身不断学习的人民。"新加坡实行全民教育与精英教育相结合，以培养适应现代社会与市场经济的骨干人才。2007年，新加坡总理李显龙指出，新加坡教育宗旨是让每个学童都享有高素质教育，到2015年实现每批同龄学童中30%进入本国公立大学的目标。新加坡通过立法来保证适龄儿童的入学率，还设立"教育储蓄基金"，鼓励国民重视孩子的教育。新加坡政府每年投入教育事业的经费超过国民生产总值4%以上。2008年，新加坡政府教育支出占全年财政支出的19%，同一时期世界平均水平仅为4%，其中中小学教育经费补贴达90%以上，大学补贴超过75%。同时，大学财政经费占政府教育总预算比重也由1975年的10%提高至2010年的24%。新加坡还强调实效的教育体系，构建了学术与职业教育并重的教育培训体系。有效地将大学教育、职业工艺教育、延续教育与培训、行业培训结合起来，形成了因材施教的良好机制。[①] 1998年6月，新加坡还成立了"人力21世纪指导委员会"，以制定全国人力资源开发框架。以就业市场为导向的职业工艺教育根据实际需求制定规划，并依据规划报告，政府开设培训机构，拓展新的培训课程。如由政府机构发起，通过理工学院和在职培训课程来实施的"新兴战略性行业专才培训计划、精密工程专才培训计划"等。延续教育和培训也是实效教育体系的重要一环。

---

① 黄荣斌：《新加坡经济转型与人才战略》，《南洋问题研究》2012年第4期。

1984 年，新加坡就立法规定，企业必须拿出员工工资总额的 1% 用于员工培训。2008 年，新加坡制定了延续教育和培训总蓝图，包括新设立 10 所一流的延续教育与培训中心，政府拨款在 5 年内建设优质延续教育与培训体系，并使成人教育和正式教育体系相辅相成。全球开放的教育培训体系使新加坡各层次人才的培养和引进实现了国际化。20 世纪末，新加坡提出了建设世界级大学、全球教育中心和创新中心的发展定位，并推动与全球顶尖大学的多元化合作。1998 年，新加坡政府提出的 10 年内至少引进 10 所世界顶尖大学的"世界级大学计划"，到 2005 年，就已经引进了世界级大学 23 所，校园合作模式得到了广泛的推广。[①]

3. 筑巢引凤，广泛吸引世界优秀人才。吴作栋曾说："吸引外国人才是政府的首要工作之一，从全世界搜罗人才对新加坡的持续发展至关重要。"新加坡引进人才政策的核心是以顶级薪酬来吸引顶尖人才，让全球人才带来全球观念，还提出用最好的工作条件和最具挑战性的工作来吸引最优秀的人才。在引进人才方面，新加坡

---

① 陈永清：《新加坡香港人才资源开发的启示》，《特区实践与理论》2010 年第 1 期。

人力资源部对于未来需要的技能人才会做出前瞻性的预估和计算，并制订出相应计划。同时对目前和今后发展的急需人才，进行按需搜才，实行跟踪引进。新加坡在海外设立了"联系新加坡"联络处，建立了世界范围内的潜在人才数据，吸引全球顶尖人才。同时，新加坡还建立了国际基金，资助各国人才来新加坡访问与服务。在外籍人才居留方面，新加坡通过"国外人才定居计划""专业技术人才项目""投资居留计划"吸引各类专业技术人才，并设立"公民和人口小组"负责执行海外移民项目，为国际人才提供高层便捷通道。为留住人才，新加坡政府每年批准约三万名外国人成为新加坡永久居民，还允许外国留学生毕业后找到用人单位获得就业准证留在新加坡。2003 年，新加坡还特设了商业入境证，允许来新加坡创业的外国人居留两年，并在居留期间无限次出入境。2011 年，新加坡又推出留学与移民新政，即个人化就业准证。年薪满 3 万新元，并在新加坡工作 2 至 5 年者均可申请此证，持证者若失去工作，仍可继续居留新加坡 6 个月，用以寻找新工作。在人才环境及待遇方面，新加坡建立了国际一流的配套服务：为高层次人才提供比之前工作岗位高出 20%—50% 的工资；投入巨资建立科技园，并提供充裕的科研经费；解决家属的工作及子女入学问题。另外，对海外专业人士的税务减免政策是新加坡吸引顶尖人才的重要举措。目前，新加坡个人所得税税率为0%—22%。新加坡制订的海外工作者纳税人计划中，对外国工作者也规定了5年的税务优惠期。[①]

（二）韩国人才战略及主要特点

人才是发展知识经济的重要保障。要在国际上成为知识经济竞争的主角，除了遏制本土人才流失之外，还要吸引那些在先进国家留学的人才回归，使其成为产业升级的重要保障。20世纪80年代之前，韩国是典型的人才外流国，90%以上的留学生学成不归。20世纪80年代之后，韩国国际人才竞争迎来了转折期，人才流失的状况有了明显改观，尤其是汉城奥运会之后，出现了大规模的海外人才"回流潮"，韩国留学生的回归率甚至超过了60%。1995年，瑞士洛桑国际管理学院（IMD）调查的"人才外流指数"结果显示，韩国得分7.53分，是

---

① 王辉耀：《人才战争》，中信出版社2009年版，第175—178页。

排名世界第四的人才流入国。① 国家的崛起，经济发达、国际化程度提高以及逐渐完善的人才机制，使韩国对留学生及外籍人才逐渐变得有吸引力。

1. 强化科技发展战略，建设人才回归平台。科技是人才回流的载体，人才回归或吸引海外专业人才，就是作为国际技术转移的载体提高本国或地区的科学技术水平。1982 年，韩国首次提出了"以科技为主导"的发展战略，实施了第一个科技发展五年计划；1986 年，韩国科技部又拟定了五项具体的科技发展计划，积极推进工业基础建设。后来又相继制订了"产业技术开发计划""特别工业技术研究财政计划"等等。1991 年，韩国开始实施"G - 7"高科技研究与开发计划，该计划可以确保到 2000 年韩国能拥有 15 万名高级科研人才。在创建科学研究基地方面，1973 年开始兴建的大德科技园区是韩国最大的产学研综合园区，为吸引海内外高级人才提供了一流的研发设施与创业环境。另外，三星等韩国财团在吸引高级人才方面也发挥了重要的作用，如建立研究机构吸引顶尖人才，研究最新的科技发展趋势。

---

① 王辉耀：《国家战略——人才改变世界》，人民出版社 2010 年版，第 77 页。

2. 采取灵活的吸引方式，出台有利的移民政策。为了吸引更多的留学生或韩裔高级人才回国服务，韩国设定了灵活多样的吸引方式。2000年，针对韩国国内的人才需求，开通了IT卡制度、金卡制度、科学卡制度等优惠政策。之后相继出台了"长期回国计划""临时回国计划""科技工作计划""外国学者访问计划"，对不同类别的人才实施了有针对性的计划。为了进一步推动人才回流，2008年，韩国出台了双重国籍政策，有条件地允许部分韩国公民以及外国的优秀人才拥有双重国籍。韩国国家竞争力强化委员会提出的"世界高级人才"可直接申请绿卡，并且在韩国居住两年后，允许他们入籍或拥有双重国籍。此外，韩国法务部还针对海外韩裔人士及非韩裔外籍人员，分别实施了优惠政策，对韩国永久居住制度进行了修改，减少了申请绿卡期间的在韩居留时间。[1]

3. 建立海外高层次人才网络，推进国际交流与合作。20世纪七八十年代，韩国在世界各地建立了专业协会，并每年组织当地韩裔会员召开研讨会。20世纪90年

---

[1]　王辉耀：《移民潮》，中信出版社2013年版，第153—156页。

代，韩国建立了国际韩国人才联络站，同时建立了海外人员数据库，方便韩国国内根据需求，引进海外高层次本族裔人才。2008 年，韩国国家竞争力委员会还设置了"Contact KOREA"机构，以吸引海外专业人才。该机构利用海外人才网络，引进韩国企业及政府机构需求的专业人才，提供从挖掘人才到签约及入境签证的一条龙服务。① 2009 年，韩国还投入 122 亿韩元设立了世界级研究机构计划（World Class Institution），规定机构的研究人员中必须有 50% 的研究人员来自国外。2012 年 1 月，韩国教育科学技术部为吸引海外青年人才启动了"智力回归 500 人计划"（Brain Return 500 Project），计划到 2017 年将吸引海外高层次人才 500 名，包括全球顶尖的科学家和学者，回到韩国技术科学研究院所工作。另一方面，韩国也实行国际化战略，积极与国外机构交流与合作。以在国外设立研究中心、吸引国外政府或企业在韩国建立研究机构、联合建立研究机构等方式，推进国际合作。1989 年韩美共同建立了"研究共同体"；1991 年韩苏签订科技协定；1995 年美国国家科学基金会交换了韩美特

---

① ［韩］宋连官、杨周英：《吸引外国留学生的外国人才活用方案》，贸易投资研究系列 09—02，对外经济政策研究院，第 24—26 页。

别合作项目等。同时，韩国也积极在海外设立研究中心，聘请外国专家和海外韩国人才，促进技术的交流。

4. 营造良好社会环境，提供优厚的物质待遇。为促进科技人才的回归，韩国推行了相关法律及机制。韩国出台了"科技成就法""韩国科技研究所援助法""工程技术人员晋升法"等来保护与促进人才发展。韩国教育人力资源部引进了评价个人能力和成果的科学而系统的认识管理体系（PMIS），一改过去的论资排辈的体系。同时，韩国还允许居住 5 年以上的外国人参加地方选举等，为人才回归创造了动力。韩国科技研究所还大胆地实行了新的工资标准，为回归人员提供了优厚的物质待遇。如为回归人员提供免费住房、孩子的教育补贴、交通补助、家具运费、海外旅行等。

（三）中国台湾人才战略及主要特点

中国台湾省早在 1964 年就将"人力资源发展"内容列入四年发展计划中。进入 20 世纪 80 年代，适应经济转型的迫切要求，为提升产业竞争力，台湾把人才发展放在更加突出的位置。经历 30 多年的人才流失后，20 世纪 90 年代，留学生回归率维持在 50% 左右。回归的海外高级人才对台湾地区的经济奇迹发挥了重要的作用。因此可以说，人才优先发展是实现台湾经济腾飞的重要支撑。

1. 为吸引海外高级人才，台湾建立了科技工业园区，使回归人才有用武之地。20 世纪 80 年代以来，台湾地区开始规划创建区域研发园区，将海外人才安置于科技园区以及科研机构中。20 世纪 80 年代至今，台湾省建立了不同类型的科技园区，吸引了大批高层次海外人才。1980 年 12 月，台湾地区兴建了第一个科学园区——新竹科学园。该园区主要发展电子工业，吸引相关高科技人才，建立高科技产业发展基地。该园区制定了免征所得税 5 年等一系列优惠政策，同时，园区还对厂商的研究发展经费予以补助，最高补助额可达到研发费用的 50%。[①] 新竹园区吸引了大量海外高科技人才返回台湾创业，2004 年，该园区台湾留学人员创办的企业占全部企业的 30.2%。而且，该园区一度占台湾地区 GDP 的 10%，曾荣获全球发展最快的十大科学园榜首的荣誉。此后，台湾还相继建立了台南、苗栗科学园区。另外，

----

① 曾建权：《台湾地区对海外留学人才的开发策略与启示》，《特区经济》2006 年第 5 期。

1997 年，台湾还规划建立智慧工业园区；2004 年，设立了"南台湾地区创新园区"。这些园区使台湾地区高科技产业发展的同时吸引了大批高科技人才。

2. 建立相关机构、制定制度，为海外高层人才提供优惠条件。1983 年，台湾第一次以科技政策的方式颁布了《加强培育及延揽高级人才方案》。此后相继推出《科技人才培训及运用方案》《吸引全球外籍优秀人才来台方案》等，对吸引海外高科技人才回台工作作出了总体规划，大幅放宽了国际专业人才的出入限制，对投资企业家以及高科技人才提供"就业 VISA 卡""永久居留卡"等，构建了引进人才有利的制度条件。在建立吸引人才的机构方面，台湾设立了"青年辅导委员会"等专门工作机构，专门从事海内外高级人才的就业辅导。同时，专门建立了海外留学人才及专家学者档案，成立海外人才的数据库。该委员会还设置了一些短期研究名额，提供未签订正式单位而有意回台工作的人员短期研究工作岗位。在待遇方面，为海外人才提供研究补助和住房津贴、旅费和零佣金以及家属就业等。还积极发挥民间力量成立基金会等资助海外留学人员回台工作，并提供有效的对接服务。

3. 国际交流合作促进台湾引才引智。广泛邀请外国专家到台湾进行交流，提供短期指导，参与研究，或提供长期教学研究工作。同时还强化与越南、马来西亚、印度尼西亚等国家的高阶人才培养合作管道。还通过财团法人代为征聘无法用常规方法罗致的高级科技人才。另外，台湾省还推出"鼓励岛外企业在台湾设立研发中心计划"，通过补助经费、租税优惠、协助人才引进等措施，鼓励并引导海外企业到台湾地区设立研发中心。近年，大陆创新人才备受台湾地区青睐，台湾通过在大陆设立研发中心或技术交流等方式吸引大陆科技创新人才。[①] 台湾还对大陆招生放宽政策限制，希望招收大陆学生，2011 年就有 134 所台湾地区院校有意招收大陆学生，促进人才的引进。

（四）中国香港人才战略及主要特点

2007 年，中国社会科学院公布的中国城市竞争力排名中，香港特区的人才竞争力排名指数位居第一。作为地域狭小、自然资源缺乏的国际化城市，香港经济得以

---

① 银丽萍、张向前：《中国台湾地区创新型人才开发研究》，《经济问题探索》2012 年第 10 期。

高速发展的关键因素是实施有效的人才发展战略。

教育为先，优先发展高等教育是香港人才战略的重中之重。香港对教育的重视程度非常高，一直把教育和人才培训作为最重要的长期社会投资。2008 年，香港特区财政教育支出占 GDP 的 4.6%，2010—2011 年特区施政报告也指出，香港教育经费是最大的开支项目，超过政府整体经常开支的 1/5。除了大量的教育投资，香港在培养具有国际竞争力的人才方面做了如下举措：1. 积极推行国际化教育，努力培养国际型人才。香港各高校都致力于国际化教育，将东西方教育的精华融为一体。香港各高校积极引进世界各地的优秀教师来港从教。目前，香港外籍教师已超过 40%；2007 年，香港科技大学教师的国际性位列全球榜首；香港大学半数委员由海外学者担任，有助于吸收世界不同的教育教学和管理模式优点。由于香港高校出色的国际人才培养能力，2008 年，内地部分省市的高考状元选择了去香港高校就读。另外，香港作为世界上教师收入最高的地区之一，对薪酬标准有明确的规定，同时还提供免费房屋津贴、免费医疗和退休金等。2. 鼓励社会力量办学是香港发展教育的重要举措。目前，香港的高等教育已成为普及型的高等教育，这与社会力量参与办学密不可分。例如鼓励社会力量办社区大学，寻求教育募捐等。2010 年，香港特区推出了"第五轮配对补助金计划"，总金额为 10 亿港元，即院校募得 1 元捐款，该基金中就分配募捐学校 1 元，以鼓励院校寻求社会捐助。香港中文大学每年经费中有一半以上为社会募集。① 3. 注重培养公共管理人才。为建设具有国际水准，专业高效的公务员人才队伍，香港积极开展高级公务员培训和各种技能培训，同时还定期举办国家事务研修课程及活动，等等。

香港特区作为典型的国际型城市，香港人口中超过 1/3 的人口为外来移民。在经历人才流失的阶段之后，香港加强了投资移民和高技术人才的引进。尤其是在香港回归前后，启动了内地人才引进的计划。1994 年，香港推出了"输入中国专业人才实验计划"，香港公司可从内地 36 所重点大学招聘相关专业的毕业生。1999 年，香港针对具有香港缺乏的相关资历及专业技能的人才，实施了"输入优秀人才计划"。2001 年，香港特区推出了"输入内地专业人才计划"，以吸引具有资讯科技和

_____

① 曾建权：《略论香港人才发展战略》，《特区经济》2011 年第 7 期。

金融服务业的内地专业人才。2003 年，香港又启动了"专才计划"，吸引内地优秀人才和专业人才去香港工作。同年，特区还推出了"资本投资者入境计划"，已吸引了超过万人去港投资。2006 年，香港面向全球推出了"优秀人才入境计划"，每年配额 1000 个，旨在世界范围内吸引高技术人才。该计划为一项设有配额的移民吸纳计划，移民在符合基本资格的条件下，根据计划所设的两套计分制度（综合计分制和成就计分制），获取分数并竞争配额。"优才计划"实施两年后，2008 年，香港特区政府对申请条件进行了调整，简化了申请程序，放宽了对年龄的限制。2008 年，为争夺优秀人才，香港特区政府还推出了新政，重点是放宽在港就业和留港限制，即"非本地毕业生留港/回港就业安排计划"。非本地生可在暑假打工，毕业后可无条件居港 12 个月，如能找到职位，便可申请居港延期。另外，香港招收留学生政策进一步开放，允许进入公立大学留学的留学生比例由过去占学生总数的 2% 增加到 10%，招收内地学生的上限比例为 20%，允许兼职打工，并提供丰厚的奖学金。

（五）"亚洲四小龙"人才战略的成功经验

1. 高度重视人才资源，树立"人才优先"意识。"亚洲四小龙"作为资源贫乏、人口总量较小的经济体，将人才资源作为第一资源，高度重视人才的培养和引进。将"人才立国"作为基本国策，把人才战略作为经济发展战略中重要一环，同时将人才视为唯一可以依仗与开发的资源。

2. 重视科技创新人才的培育与开发，努力建设国际型大学。东亚创新人才培养普遍面临困境，大学培养创新人才比西方更困难。在这一背景下，新加坡建立开放式大学体系，吸引国际一流大学的分校，中国香港注重师资国际化，吸引海外人士，这些方法不仅有利于这些经济体提高培养创新人才的能力，还有助于学生开拓思路。

3. 创造经济机会，注重软环境建设。通过创建科技园区以及建设科研基地，为海归人士以及海外人员搭建发展平台。高科技园区不仅对科技发展和科技产业化具有重要意义，也给大批高科技创新人才提供了就业和发展机会，成为海内外高层次科技创新人才的工作基地。

同时，廉洁、高效率、公正的政府以及开放兼容的社会也是"亚洲四小龙"成功吸引大量人才的重要因素。

4. 海外高层次人才联络处促进人才引进及技术交流。联络处建立世界范围内的潜在人才数据，方便根据本国或本地区需求，引进海外高层次人才。这一机构在联络留学生或吸引海外人才方面，起到了至关重要的作用。

5. 放宽外籍人才居留与工作限制。"亚洲四小龙"政府每年允许部分外籍或境外专业人士成为当地公民。同时，对招收的留学生，允许勤工俭学，并延长留学生毕业后的居留时间，使留学生有充足时间在当地寻找工作，并继续为当地服务。

三　"亚洲四小龙"人才发展的
前景展望及启示

（一）"亚洲四小龙"人才发展的前景展望

培养本土人才和吸引海归人才仍是"亚洲四小龙"国际人才战略的重点。四小龙本土人才培养的重点在于加大力度培养创新型、多元化、复合型高层次的知识人才。根据国家或地区产业结构的调整，进一步优化人才需求结构，使人才培养和引进更加适应经济发展的需要，构建一个多学科、全方位、复合型的人才格局。另外，"海归"人才仍将是四小龙经济体企事业单位争抢的人才，因而，高端的"海归"人才将是人才战略规划的核心对象。

继续以政府为主导，大力推进国际人才战略。中国香港、台湾等地区在引进人才方面经历了从最初单纯民间雇主行为逐步发展到政府的政策行为；政府部门从最初的仅发挥被动监管职能而逐步转变为主动服务地区经济。近年，政府部门更是由滞后服务转变为超前为经济发展引进多元化、高层次人才。而且，为减少人才流失现象，更加关注如何有效发挥专业人才的牵引和导向作用。

面向中国、印度等新兴经济体国家的人才引进将有所增加。在人才战争异常激烈的背景下，亚洲许多国家和地区，对于吸收人才非常积极，对彼此间的人才更是"虎视眈眈"。目前，新加坡、香港特区等四小龙经济体对中国内地以及其他新兴经济体的生源及人才引进非常重视，正在加大该地区人才引进力度，将加速引进步伐。

（二）四小龙人才发展战略对中国的启示

1. 在人才培养方面，积极与国际接轨，培养具有国际竞争力的复合型人才。教育为先，加大人才资本投资力度，实行人才资本投资优先战略，让每个人都能够享有高素质教育，同时要把教育和人才培训作为最重要的长期社会投资。积极转变目前的"应试教育"为"精英教育"，努力提高人才队伍的综合素质。借鉴新加坡与中国香港经验，建立全球开放的教育培训体系，推行国际化教育，努力培养国际型人才。建设世界级大学、全球教育中心和创新中心等，推动与全球顶尖大学的多元化合作，将东西方教育的精华融入中国的教育中。这不仅将有效促进中国实现各层次人才培养的国际化，还将有利于引进国际型人才。

2. 在人才发掘方面，初期阶段以发掘并吸引"海归"人才为主，之后逐渐在世界范围内发掘优秀人才。制订"人才发掘计划"，通过人才脉络或网络搜集等方式锁定人才，并建立"海外人才考察组织机构"，长时间观察或考验、考核人才。在全面把握人才特点之后，通过猎头招聘或预定人才等方式，尽最大可能引进人才，同时完善人才使用及管理机制。

3. 在人才引进方面，通过立法提升战略法制化水平，同时制定和完善人才引进的灵活体系。应尽快出台

《移民法》《技术移民法》《投资移民法》等相关立法，提升人才引进的法制化水平。同时，应该打开"体制内、体制外"的限制，提升现行人才制度的国际化程度。另外，有必要制定和完善灵活体系，加强高端人才之间的横向联系与交流。设立以政府为主导的常设机构以及海外主要地区的办事处，从而达到最大限度地利用人才环流、人才回流和全球化所带来的机遇。

4. 在人才使用方面，激活人才内生机制，形成人尽其用的生动局面。让优秀本土人才及引进人员人尽其才是防止人才流失的关键环节。本地人才流失或引进人才"返回"更多的是由于人才配置及使用不当，导致人才有余力、有才能但不能充分发挥出来。因此，形成良好的人才使用机制，关注高端人才的去向，激励高端人才，发挥高端人才的牵引和导向作用尤为重要。具体包括，为科研人员打造"去行政化"的良好科研环境；为投资人才打造优越的投资环境、宽松的创业环境、低廉的税率征收、简便的行政审批程序；解决引进人才子女就学等工作及生活方面经常会遇到的不必要的困难等。

后　记

中国共产党十八大报告提出，要加快确立人才优先发展战略布局，造就规模宏大、素质优良的人才队伍，推动中国由人才大国迈向人才强国；要加快人才发展体制机制改革和政策创新，形成激发人才创造活力、具有国际竞争力的人才制度优势。为贯彻党的十八大精神，中国社会科学院人事教育局组织院属相关单位干部学者围绕提高国际人才竞争力问题开展专题研究，并将有关成果结集出版。《亚非拉国际人才战略研究》即为此项专题研究的成果之一。

本书编写工作由中国社会科学院人事教育局局长张冠梓同志主持，来自中国社会科学院西亚非洲研究所、拉丁美洲研究所和亚太与全球战略院等机构的研究人员执笔完成。具体参加写作和修改的同志主要有（按姓氏笔划排序）：毛悦、叶京、仝菲、宋强、宋霞、张君、金永花、胡楠阳、原磊、焦永明等。中国社会科学院人事教育局副局长高京斋、陈文学同志和时任人事教育局副局长、现任语言研究所党委书记刘晖春同志也对本书给予了热切关注和大力支持，中国社会科学出版社为书稿出版提供了有力保障。在此，谨向为本书编写出版提供大力支持的单位和同志，表示衷心的感谢。

衷心希望本书能够为中国人才学领域学者、人才政策制定者、理论研究者和实践工作者在中国国际人才战略发展的理论与实践工作过程中提供有益的参考和借鉴，为提高中国国际人才竞争力发挥积极的推动作用。

在本书编写过程中，我们查阅了大量的中外文资料，并力求完美，但由于研究时限、资料条件与学识等方面的原因，书中难免存有纰漏和不足，敬请各位同仁、专家学者及广大读者们批评指正，以使本书能够改进、完善。同时，再次向国内从事人才工作的相关部门以及广大读者致以最诚挚的谢意！

编者

2016 年 4 月 15 日